누구나 따라할 수 있는

메이크코드를 활용한 웨어러블 테크 패션

MAKECODE

WEARABLE TECH

누구나 따라할 수 있는

메이크코드를 활용한 웨어러블 테크 패션

임호선 | 안미화 지음

교문사

PREFACE 머리말

의류패션 산업 분야에서도 IT기술이 융합된 웨어러블 테크 관련 제품들이 활발하게 개발되고 있으며 향후 웨어러블 시장은 지속적인 성장 가능성이 있는 것으로 전망하고 있다.

이 책은 웨어러블 테크놀로지에 다양하게 활용되고 있는 센서보드와 오픈소스 프로그램 중에서 Adafruit 서킷플레이그라운드 익스프레스(Circuit Playground Express) 센서와 Microsoft 메이크코드(MakeCode)를 활용하여 웨어러블 테크 패션 아이템을 제작하는 과정으로 구성되었다. Adafruit에서 출시한 서킷플레이그라운드 익스프레스(Circuit Playground Express)는 센서와 LED가 내장된 올인원 메인보드로 Arduino, MakeCode, CircuitPython의 다양한 프로그램을 활용할 수 있으며, 메이크코드(MakeCode)는 코딩을 그래픽화한 블록(Blocks)과 텍스트 형태의 자바스크립트(JavaScript)를 활용하여 사용자가 쉽게 원하는 코딩을 할 수 있도록 구성된 프로그램이다.

이 책은 총 3개의 PART로 구성되었다. PART 1에서는 웨어러블 테크놀로지의 발전과정과 웨어러블 테크 패션 아이템을 기능별로 분류하여 살펴보았다. PART 2에서는 서킷플레이그라운드 익스프레스와 메이크코드의 기능에 대해 살펴보고 메이크코드를 활용하여 코딩하는 방법과 코딩 순서를 설명하였다. PART 3에서는 웨어러블 테크 패션 아이템을 제작하는 과정과 아이템별로 적용한 메이크코드 코딩의 구체적인 사례를 제시하였다.

이 책이 웨어러블 테크 패션에 관심이 있는 모든 이들에게 메이크코드를 활용한 웨어러블 테크 패션 아이템을 제작하는 것에 도움을 줄 수 있는 지침서가 되기를 바란다.

마지막으로 이 책의 출판을 위해 여러모로 애써주신 교문사의 정용섭 부장님, 편집부 직원분들께도 감사의 인사를 드린다.

2021년 1월

저자 일동

CONTENTS 차례

PART 1

WEAR-
ABLE
TECH-
NOLOGY

웨어러블 테크놀로지

I 웨어러블 테크놀로지의 발전

'웨어러블 테크놀로지'란 의류와 컴퓨터의 기능을 통합한 기술로, 컴퓨터의 기능을 갖춘 의류 또는 액세서리 형태로 인체에 착용하기 위해 만들어진 것으로 컴퓨터뿐만 아니라 모바일과도 연동이 가능한 기술이다. 웨어러블 테크놀로지 초기 단계의 연구로 1966년 미국의 과학자 이반 서덜랜드Ivan Sutherland 교수는 시스루 디스플레이see-through display를 설계하고, 이를 기반으로 가상 세계와 현실 세계가 겹쳐 보이도록 하는 헤드 마운티드 디스플레이HMD를 개발하였으며(그림 1(a))[1], 1967년 벨 헬리콥터 회사는 군사적인 목적을 위해 독순술 해독을 위한 안경 형태의 웨어러블 컴퓨터를 개발하였다.[2]

1981년 MITMassachusetts Institute of Technology의 스티브 만Steve Mann은 애플II 컴퓨터와 연결된 헬멧에 카메라와 플래시 등을 부착하고 각 기기의 제어장치를 배낭에 넣은 웨어러블 컴퓨터를 개발하면서 본격적인 연구가 시작되었다(그림 1(b)). 이 웨어러블 컴퓨터에는 40줄의 텍스트를 표시할 수 있도록 카메라 뷰파인더로 사용되는 CRT가 장착되어 있었다. 1986년 스티브 로버츠Steve Roberts는 음성 합성기, 컴퓨터와 타이핑 기능의 키보드가 내장된 자전거인 Winnebiko II를 개발하였다.

이후 발전을 거듭하며 1990년대 중반 이후에는 이것을 더 소형화시키고 경량화하여 무게를 줄이고 기능을 강화하기 위한 연구가 계속되었으나, 여전히 사용에는 불편한 부분이 있었다(그림 1(c)). 1990년대 후반부터 인간과 컴퓨터의 상호작용과 디자인에 초점을 맞춘 웨어러블 컴퓨터에 대한 연구가 진행되었다.[3] 2000년대 이후 IT기술이 지속적으로 발전하면서 낮은 소비 전력으로 장기간 사용이 가능한 블루투스 로우 에너지Bluetooth Low Energy 기술이나 와이파이Wi-Fi 기술 등이 발달함에 따라 소형 프로세서가 내장된 손목시계 등 사용하기 편리한 웨어러블 테크 패션 아이템이 개발되고 있다(그림 1(d)).[1]

- (a) 1960년대
- (b) 1980년대
- (c) 1990년대
- (d) 2000년대 이후

그림 1. 웨어러블 테크놀로지 아이템의 시대별 변천 과정

II 웨어러블 테크 패션 아이템의 분류

웨어러블 테크 패션 아이템은 사용자가 원하는 정보와 기술을 때와 장소의 제약 없이 사용할 수 있는 편리함을 제공하고, 일상 의복에 접목하면 기존의 패션과는 다른 새롭고 독창적인 패션으로서의 가치를 창출할 수 있다. 특히 최근에는 다양한 기술과 디자인을 바탕으로 스마트폰과 같이 휴대가 가능하고 신체에 탈부착이 용이한 웨어러블 테크 패션 제품들이 개발되면서 IT기술을 필요로 하는 다양한 분야에서 활용되고 있다. 웨어러블 테크 패션 아이템의 종류를 분류해 보면, 건강 및 의료 관련 기능, 운동관리 기능, 생활편의 기능, 오락 및 정보제공 기능으로 분류할 수 있다.[4]

건강 및 의료관련 기능

건강 및 의료 관련 기능의 제품은 사용자의 신체 정보와 건강 상태를 동작인식 센서를 통해 체크할 수 있는 셔츠, 모자, 벨트, 양말, 깔창, 이어링 등의 의류제품과 액세서리로 개발되었다. 의료용으로 개발된 웨어러블 테크 의류는 데이터 관리 센터가 언제 어디서나 착용자의 신체 상태를 모니터링하고 긴급 상황에 신속하게 조치할 수 있도록 설계되었다.

조지아 공과대학Georgia Institute of Technology에서 개발한 웨어러블 컴퓨터인 Wearable Motherboard(그림 2(a))는 섬유센서 기술과 무선기술의 통합을 통해 착용자의 심박수, 호흡수, 체온, 칼로리 소모량 등의 생체 측정 데이터를 측정하고 모니터링할 수 있다.[5] Smartex에서 개발한 니트 소재의 스마트 셔츠(그림 2(b))는 심박수, 체온, 호흡, 움직임을 모니터링하기 위한 센서가 내장되어 이러한 신체 정보를 무선 통신 시스템을 통해 모니터링 센터로 전송할 수 있다.[6]

주울 귀걸이Joule Earing는 무선 기술을 사용하여 스마트 귀걸이와 스마트폰이 연동되어 사용자의 움직임과 심박수를 측정해 운동량과 건강상태를 알려주는 건강 모니터링용으로 활용할 수 있는 제품(그림 2(d))이다. 진스 밈JINS MEME 안경은 착용자가 눈을 깜박이는 강도나 속도, 눈동자가 움직이는 방향 등을 감지하여 집중력과 피로 상태와 같은 건강 관련 정보를 알려주는 제품(그림 2(d))이다.[7]

• (a) Wearable Motherboard

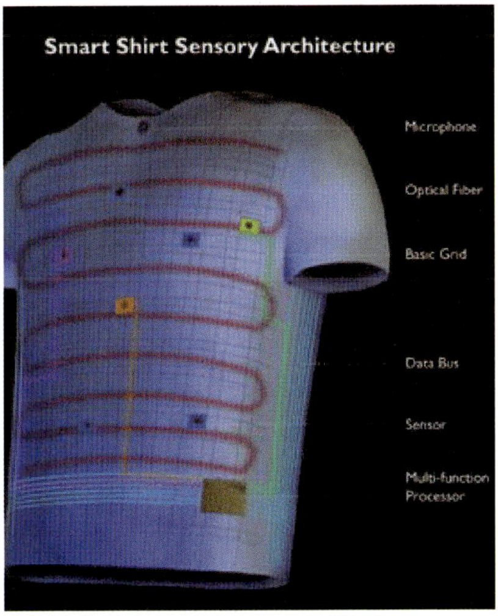

• (b) Smart Shirt

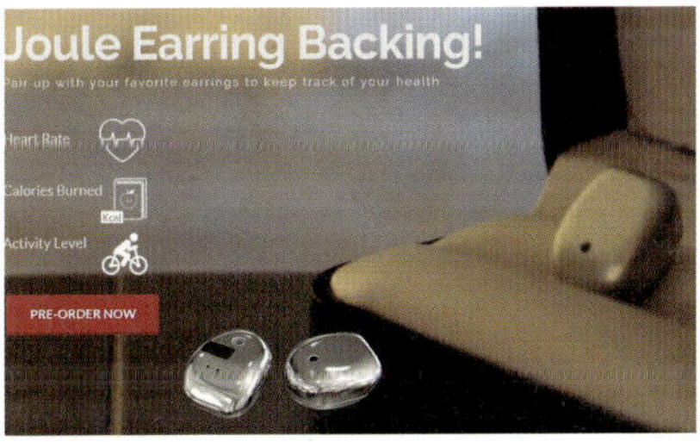

• (c) 주울 귀걸이

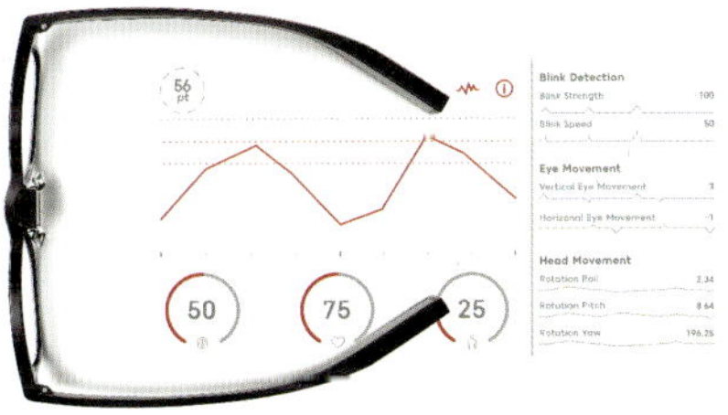

• (d) 진스 밈 안경

그림 2. 건강 및 의료 기능의 웨어러블 테크 패션 아이템

운동관리 기능

운동관리 기능의 제품은 운동 시 수행되는 움직임을 데이터로 분석하여 피드백해 주는 방식의 과학적인 모니터링으로 착용자의 운동 관리 기능을 수행하고 있다.[7] 전자장비 개발업체인 MC10과 패션브랜드 리복Reebok이 함께 개발한 체크라이트Checklight 모자(그림 3(a))에는 머리 부위의 충격 정도를 측정하기 위한 센서가 부착되어 있어 충격이 발생하면 실시간으로 녹색, 노란색, 빨간색 LED 표시로 충격 정도를 제공함으로써 운동 중 발생되는 착용자의 심각한 부상을 예방하는데 도움을 준다.[8] 아토스Athos의 웨어러블 테크 의류 MEN'S FULL BODY KIT(그림 3(b))는 셔츠와 팬츠에 EMGElectromyography 센서가 있어 근육 활동량, 심박수, 호흡수, 칼로리 소모량 등의 데이터를 측정하고 분석한 후, 모바일 앱을 통해 피트니스 정보를 실시간으로 제공한다.[9]

국내에서 출시된 트레이닝 셔츠인 블랙야크의 야크온P(그림 3(c))는 가슴 부위에 부착된 기기를 통해 실시간 심장박동수, 운동정보, 운동강도 및 누적운동정보, 이동 거리, 칼로리 소모량 등의 데이터를 전달하여 운동이력을 관리할 수 있도록 개발되었다. 측정된 데이터는 블루투스 장치를 통해 스마트폰 앱에서 확인할 수 있다.[10] 골프센스(그림 3(d))는 골프 스윙 자세와 속도, 각도, 궤적, 템포, 위치 등을 분석하는 기기를 골프장갑에 부착하여 골프스윙 자세 등을 분석할 수 있다. 골프센스를 착용하고 스윙을 하면, 동작센서가 클럽 헤드 스피드, 예상거리, 스윙 궤도, 스윙 플레인, 스윙 템포 등 다양한 착용자의 스윙 분석 데이터가 무선으로 스마트폰 등을 통해 실시간으로 전송되어 자신의 스윙자세를 점검하고 문제점과 해결 방법까지 제공해 준다.[11]

폼 스윔 고글Form Swim Goggles 제품(그림 3(e))은 수영하는 동안 속도, 거리, 시간 등 측정 데이터를 렌즈에 내장된 투명 디스플레이를 통해 보여준다. 이 외에도 구간 기록, 뇌졸중 위험 확률, 칼로리, 심박수 등 데이터를 제공하여 체계적인 트레이닝을 할 수 있도록 한다.[12]

스마트 밴드 제품은 미국의 핏빗·모토로라·조본·나이키&애플, 핀란드의 메타, 일본의 소니, 중국의 샤오미, 한국의 삼성·엘지·인바디 등 세계 각 국의 IT 기업

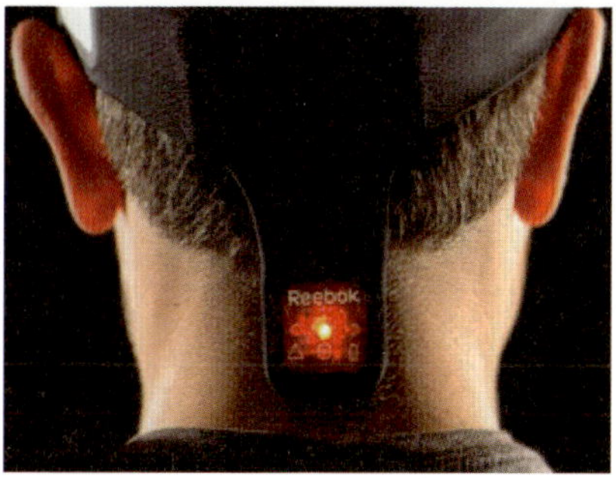

• (a) 리복의 체크라이트 모자

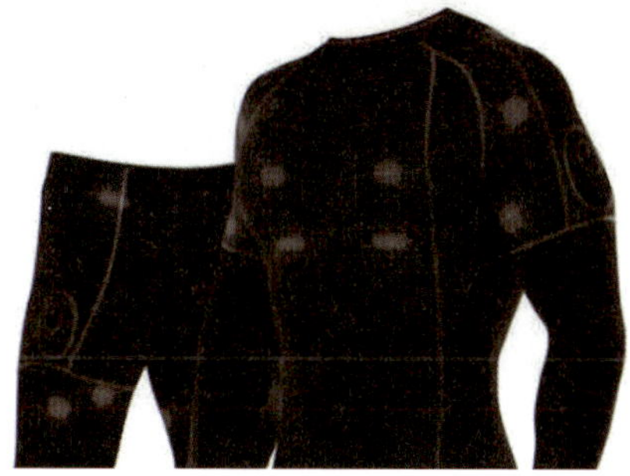

• (b) 아토스의 MEN'S FULL BODY KIT

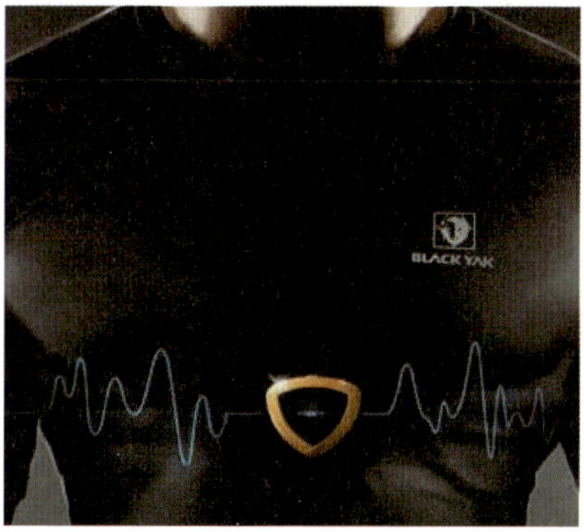

• (c) 블랙야크의 야크온P

• (d) 골프센스

• (e) Form Swim Goggles

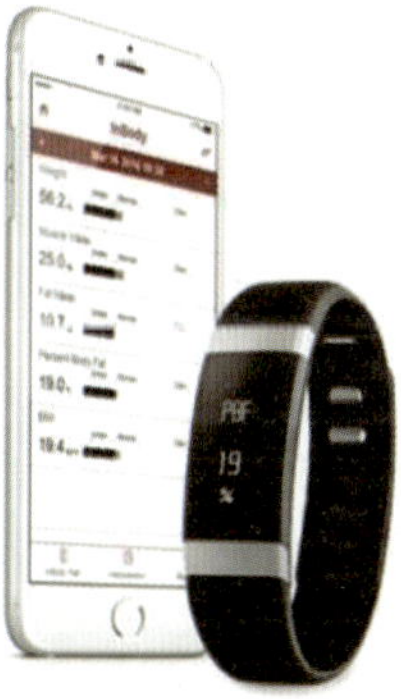

• (f) InBodyBAND

그림 3. 운동관리 기능의 웨어러블 테크 패션 아이템

에서 개발하고 있으며, 날씨와 자외선 지수 등 환경정보와 신체의 운동정보 등을 공통으로 제공하고 있다. 사용자는 스마트 밴드를 통해 얻게 되는 자신의 운동기록 정보를 보고 스스로 운동 시간이나 운동 강도를 조절할 수 있다. 한국인바디의 InBodyBAND 제품(그림 3(f))은 간편한 인바디, 체성분, 근육량, 체지방률 분석, 24시간 활동량 측정, 보행 시간, 보행 수 측정을 통한 칼로리 분석, 심박수 측정 데이터를 블루투스 장치를 통해 전송하여 스마트폰 앱에서 확인할 수 있다.[13]

생활편의 기능

생활편의형 제품은 일상생활에서 보다 편리하고 효과적으로 사용할 수 있는 웨어러블 테크 의복으로 개발되고 있다. 이 제품들은 일상생활에서 소비자가 쉽고 간단하게 스마트 정보 기기의 기능을 컨트롤할 수 있도록 개발되었다.

블랙야크의 야크온H(그림 4(a))는 스마트폰으로 온도와 습도를 조절할 수 있는 발열재킷으로, 재킷의 등판 안쪽에 발열 섬유를 넣어 전원을 공급하여 온도를 조절하고, 에어탱크Air Tank 기술을 함께 적용하여 재킷 안에 따뜻한 공기를 오래 유지할 수 있도록 개발되었다. 의류 내부의 온도와 습도를 조절하는 휴대용 장치를 재킷 안쪽에 달린 마그네틱 커넥터에 연결하고 스마트폰 앱과 연동하여 작동시킨다. 세탁 시 발열섬유 부분을 분리하지 않고 휴대용 장치만 분리하여 세탁할 수 있어 편리하게 관리할 수 있다.[14]

파슨스앤코는 아이리버와의 협업으로 아발란치Avalanche 브랜드를 런칭하여 사하라(그림 4(b))를 개발하였다. 아이리버에서 원단에 직접 탄소섬유를 프린팅하는 방식으로 제작한 발열패드는 접혀도 손상 위험이 거의 없고 의류 세탁 시 쉽게 탈부착이 가능하도록 개발되었다. 이 제품은 무선 리모콘으로 온도조절이 가능하며, 배터리를 충전하면 최대 6시간 온도를 유지할 수 있고 스마트폰 충전용 보조 배터리로도 활용이 가능하다.[15]

구글과 리바이스가 협업한 자카드 프로젝트를 통해 개발한 Levi's Commuter Trucker Jacket(그림 4(c))은 왼쪽 소매에 있는 전도성 섬유로 만든 자카드 태그를

터치하여 주머니 속의 스마트폰을 조작할 수 있도록 설계되었다. 대도시에 거주하며 자전거로 출퇴근을 하거나 레저를 즐기는 사람들을 위해 개발한 것으로 데님소재에 전자회로와 센서 부분 등이 옷감 자체에 내장되어 있으며 스냅 모양의 태그를 사용하여 무선으로 스마트폰을 제어한다.[16]

스마트TV 또는 스마트폰을 작동할 때 사용하는 리모컨의 기능을 대신할 수 있는 제품인 RHL vision technology의 Fin ring(그림 4(d))은 사용자의 손가락에 끼워서 원하는 기능에 맞추어 손가락과 손바닥을 움직이면 무선으로 스마트 기기를 조절할 수 있다.[17]

• (a) 블랙야크의 야크온H

• (b) 아발란치의 사하라

• (c) Levi's Commuter Trucker Jacket

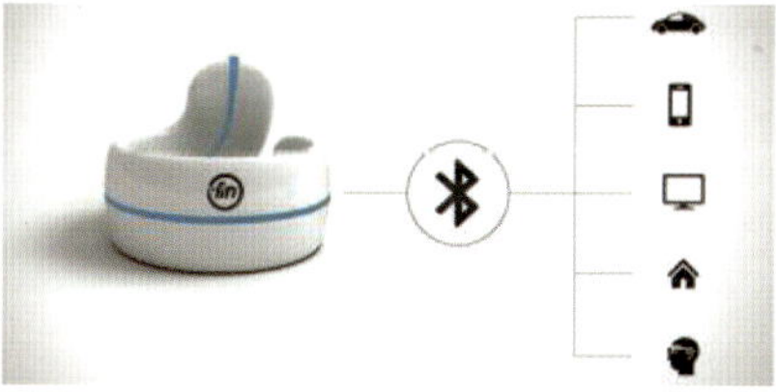

• (d) RHL vision technology의 Fin ring

그림 4. 생활편의 기능의 웨어러블 테크 패션 아이템

오락 및 정보제공 기능

오락 및 정보제공 기능의 웨어러블 테크 의류제품은 사용자의 움직임이나 외부 환경의 변화를 감지하여 다양한 소리 또는 빛 등을 방출함으로써 사용자에게 시각적 또는 청각적인 즐거움과 상호작용의 기능을 제공한다.

소리를 이용한 대표적인 제품으로 일본의 모프Moff사에서 출시한 그림 5는 손목시계 형태의 어린이용 장난감이다. 손목에 착용하고 다양한 동작을 하면 동작에 따라 여러 가지 사운드가 재생된다. 밴드 내부에 장착된 가속도 센서와 자이로 센서가 손목의 움직임을 감지하고 분석한 뒤 블루투스로 연결된 스마트폰에 정보를 주면 움직임에 따라서 상황에 맞는 효과음을 내는 원리이다.[7]

빛을 이용한 웨어러블 테크 패션 아이템은 빛을 내는 LED를 패션 제품에 부착하는 형태 또는 빛을 전달하는 성질을 가진 광섬유Fiber optic를 결합한 형태로 제작된다. 이러한 제품들은 다양한 색상의 빛으로 발광효과를 주어 패션제품을 더욱 돋보이게 하고 패션 아이템을 착용한 사람뿐만 아니라 착용자를 관찰하는 제3자에게 시각적인 생동감과 재미를 부여하기도 한다. 이탈리아의 Luminex 원단 업체는 플라스틱 광섬유의 클래드clad층에 흠집을 낸 다음 일반 섬유 소재와 함께 직조한 후 LED를 연결해 빛이 비추도록 하는 원리를 이용하여 다양한 디자인의 드레스(그림 6(a)), 인테리어 소품, 커튼, 소파 등을 제작하였다.[18]

또한 오락 기능의 발광효과를 적용한 패션제품(그림 6(b), (c), (d))은 광원의 부착하는 위치 및 종류에 따라 의류, 신발, 가방, 시계, 헤어밴드, 팔찌 등 다양한 패션 제품에 광범위하게 활용되고 있다.

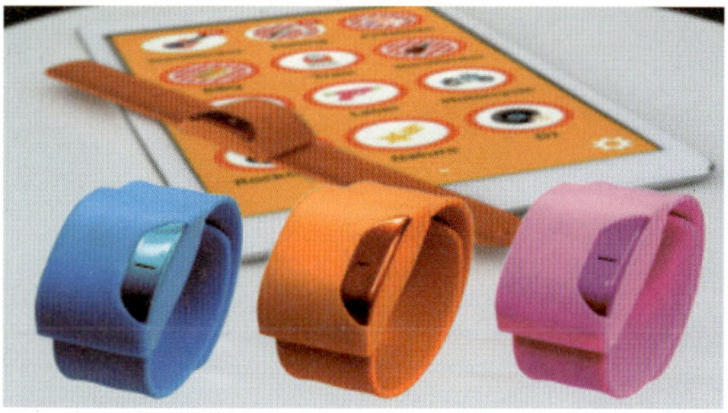

• 모프 밴드

그림 5. 소리를 이용한 웨어러블 테크 패션 아이템

• (a) 광섬유 드레스

• (b) 광섬유 신발

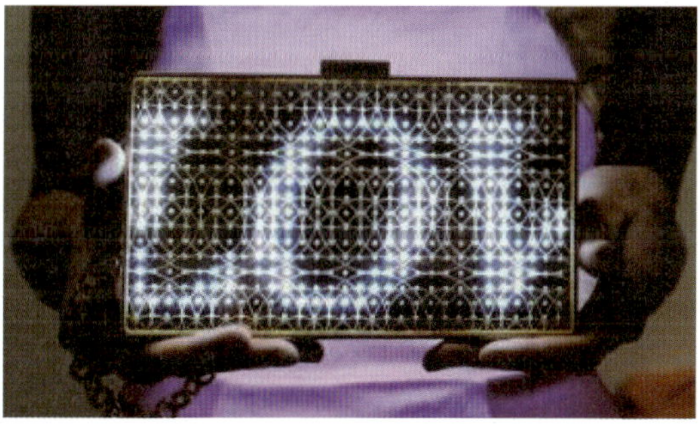

• (c) LED 크러치

• (d) LED 시계

그림 6. 빛을 이용한 웨어러블 테크 패션 아이템

PART 2

WEAR-
ABLE
TECH-
NOLOGY

메이크코드를 활용한 코딩

I 키트 및 도구 준비

II 코딩하기

부품 구성

메인보드

Adafruit Circuit
Playground Express

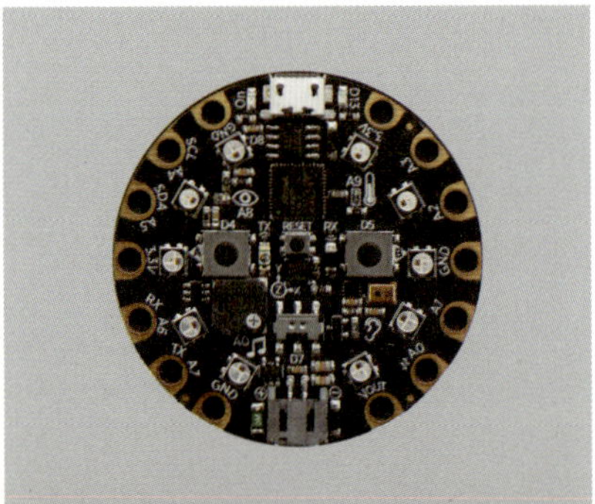

배터리

Lithium Ion Polymer Battery – 3.7v 150mAh

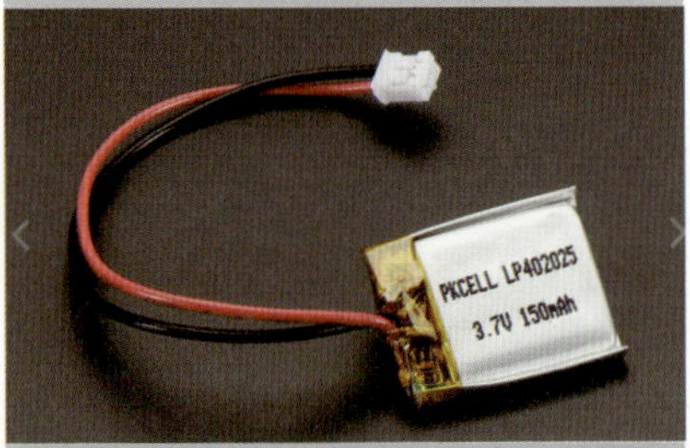

또는

2×AAA Battery
2×AAA Battery Holder with On/Off
Switch & JST PH Connector

Micro USB cable

USB A to Micro B USB케이블

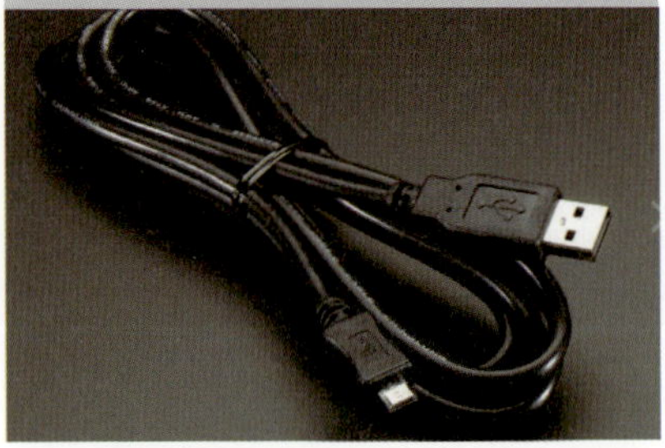

https://www.adafruit.com

메인보드

서킷플레이그라운드 익스프레스

Adafruit에서 출시한 서킷플레이그라운드 익스프레스(Circuit Playground Express)는 센서와 LED가 내장된 올인원 메인보드로 Circuit Playground Classic 버전보다 더 많은 센서를 장착하고 Arduino, MakeCode, CircuitPython의 다양한 프로그램을 활용할 수 있는 버전으로 업그레이드되었다.

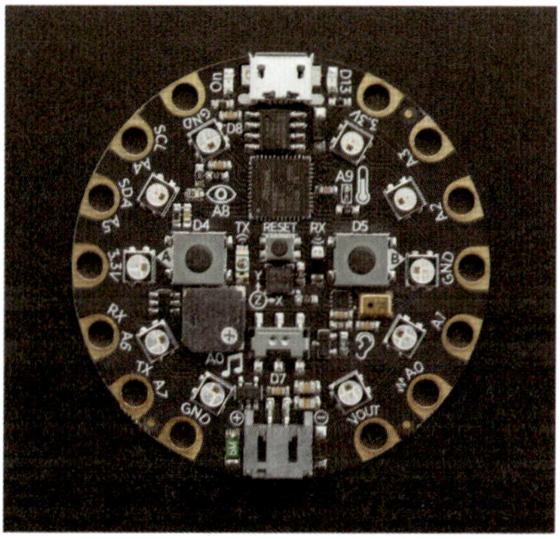

- **Adafruit Circuit Playground Express**

https://learn.adafruit.com/adafruit-circuit-playground-express/overview

서킷플레이그라운드 익스프레스 구성

① LED part: 미니 네오픽셀 10개
② Sensor part: 광 센서(Light sensor), 동작센서(Motion sensor), 소리센서(Sound sensor), 온도 센서(Temperature sensor)
③ 푸시 버튼(A & B 라벨), 리셋 버튼(Reset button), 슬라이드 스위치(Slide switch)
④ ON LED: 전원공급 시 녹색으로 표시, D13 LED: 명령어 전송 시 빨간색으로 표시
⑤ Micro-B USB포트
⑥ JST PH Battery Connector
⑦ 미니 스피커(Mini speaker)
⑧ ATSAMD21 ARM 코텍스 M0 프로세서
⑨ 악어-클립 입력/출력 핀

메인보드

특징

| 일체형 메인보드 |
조도, 동작 및 소리감지센서와 10개의 미니 LED가 함께 내장된 일체형 메인보드로 센서를 활용한 다양한 프로그램을 코딩하여 주변 환경에 따라 LED의 깜빡임을 조절할 수 있음

| 간단 설치 |
USB케이블과 PC 연결로 코딩프로그램 다운로드 가능

저전력 리튬배터리 연결로 전력공급이 가능하여 가벼운 액세서리나 패션제품에 응용이 용이함

운영가능 프로그램

메이크코드(Microsoft MakeCode)
아두이노(Arduino IDE)
CircuitPython

Adafruit Circuit Playground Express 참고 사이트

https://learn.adafruit.com/adafruit-circuit-playground-express

메인보드

Adafruit Circuit Playground Express

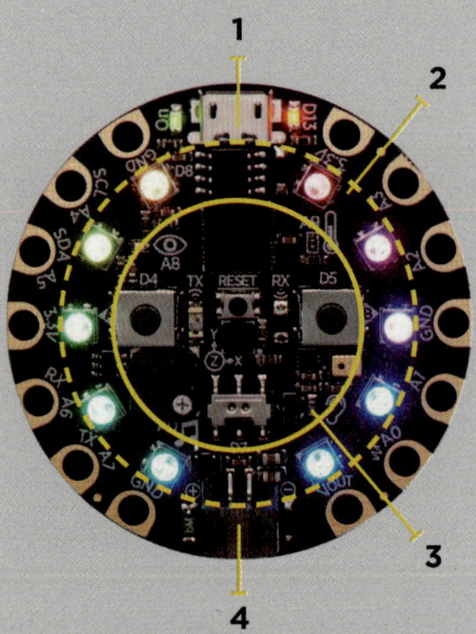

1 | Micro B USB 커넥터
2 | LED part
3 | 센서 part
4 | JST Battery 연결부

센서기능

조도(광)센서

빛을 감지할 수 있는 센서로
조명이 어두워 지거나 밝아지는
상황에 따라 LED의 깜빡임을
실행할 수 있음

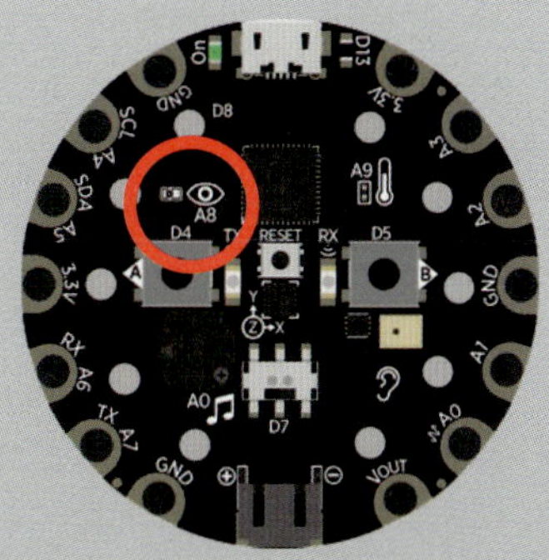

동작(움직임)센서

움직임을 감지할 수 있는 센서로
보드와 센서의 위치가 이동함에
따라 LED의 깜빡임을 실행할 수 있음

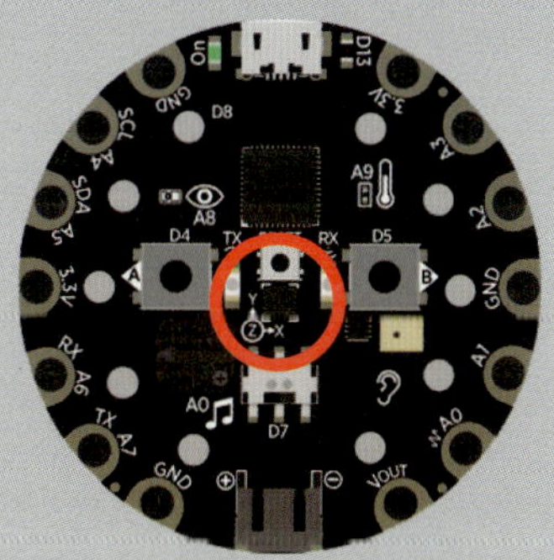

소리(마이크)센서

소리를 감지할 수 있는 센서로
주변 소리의 크기에 따라 LED의
깜빡임을 실행할 수 있음

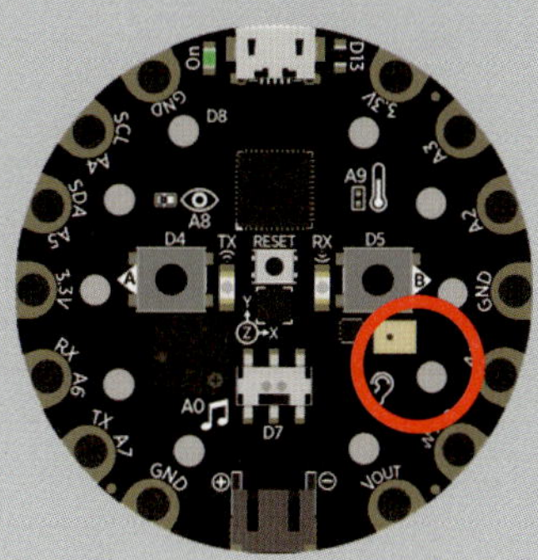

기능버튼

RESET 버튼

코딩프로그램 다운 오류 또는
코딩프로그램을 변경하여
다운로드할 때 실행하는
보드 재설정용 버튼

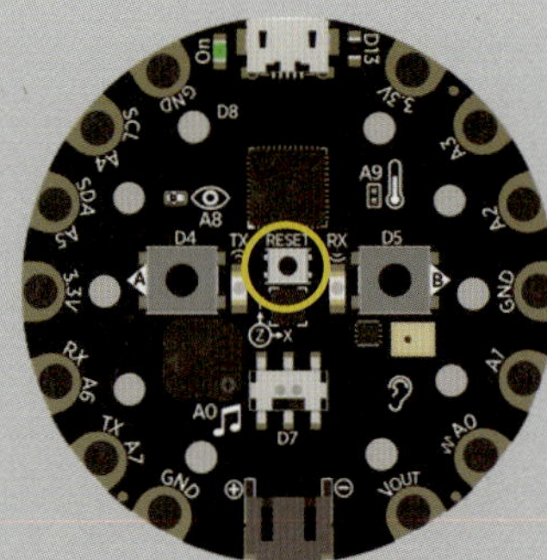

Push 버튼

버튼을 눌렀을 때 원하는 기능을
동작시킬 수 있는 A 및 B로 표시된 Push 버튼.
코딩을 통해 프로그램
실행의 ON/OFF 용으로 사용 가능
(ex. A: ON 동작실행, B: OFF 동작멈춤)

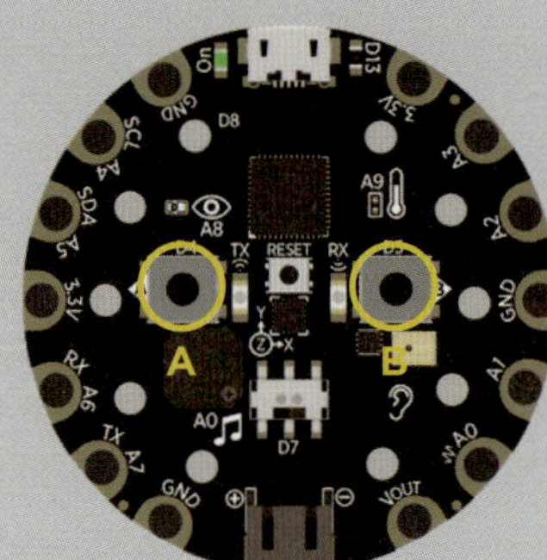

전원표시버튼

녹색의 "ON" LED가 있어 전원이 켜져
있음을 알 수 있음

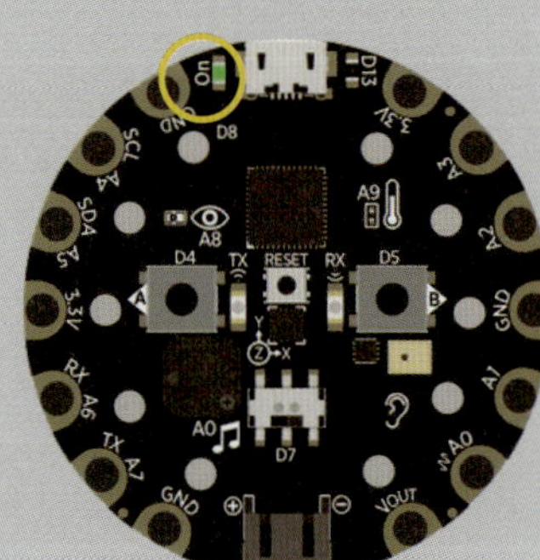

메이크코드에서 활용할 수 있는
센서별 기능 참고 사이트

https://learn.adafruit.com/sensors
-inmakecode/overview

프로그램 다운로드 – 메이크코드

마이크로소프트 스토어 접속
(https://www.microsoft.com
/ko-kr/store)

"makecode" 검색

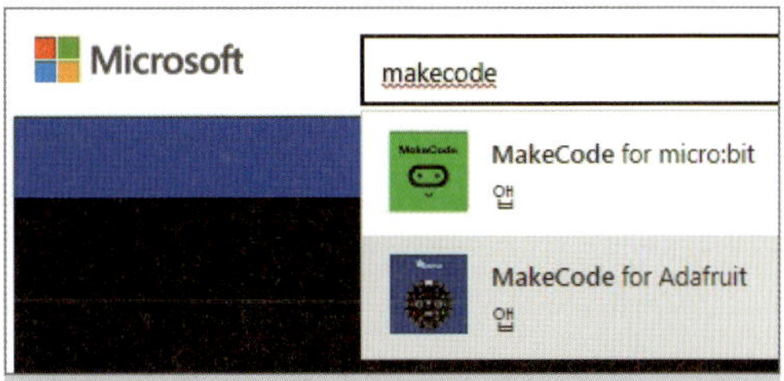

설치 실행하기

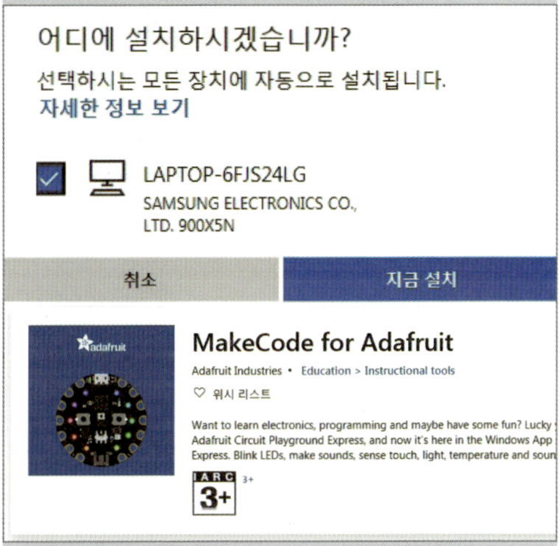

설치 완료

PC 연결 – USB케이블

메인보드의
Micro B USB 커넥터에
USB케이블 연결

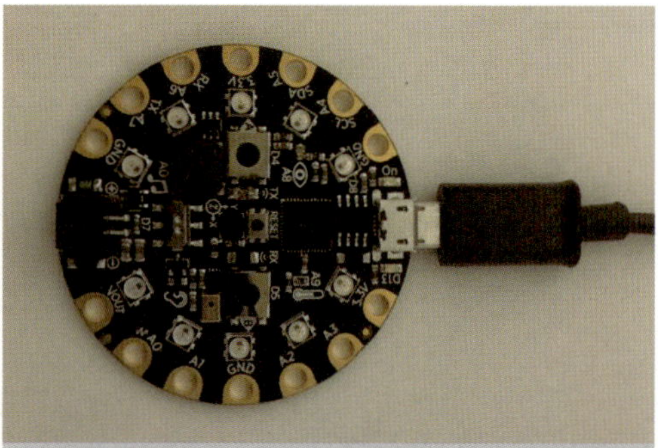

노트북에 USB케이블 연결

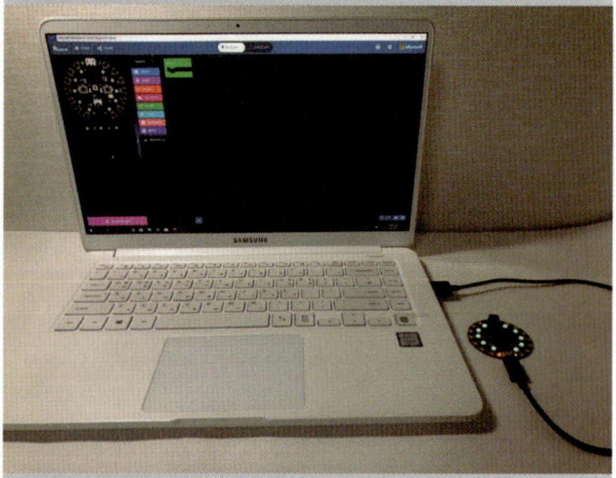

연결 확인

부트 로더가 실행하면 USB를 초기화 하면서 LED가 녹색으로 켜짐

USB 초기화하지 못하여
빨간색으로 바뀔 경우 RESET 버튼
누름 또는 케이블 재연결

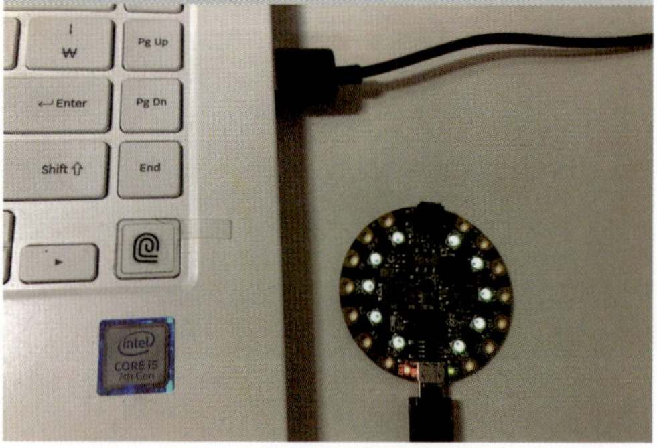

메이크코드 실행

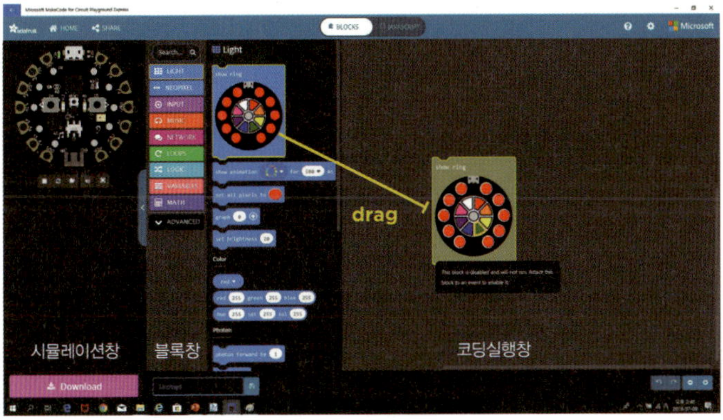

메이크코드란?

명령어를 설정하는 블록과 자바스크립트 기능을 연동시켜 사용자가 쉽게 원하는 코딩을 할 수 있도록 고안된 에디터 프로그램으로 사용자가 원하는 기능의 블록을 실행창에 끌어다 놓으면 자동으로 명령어가 지정됨

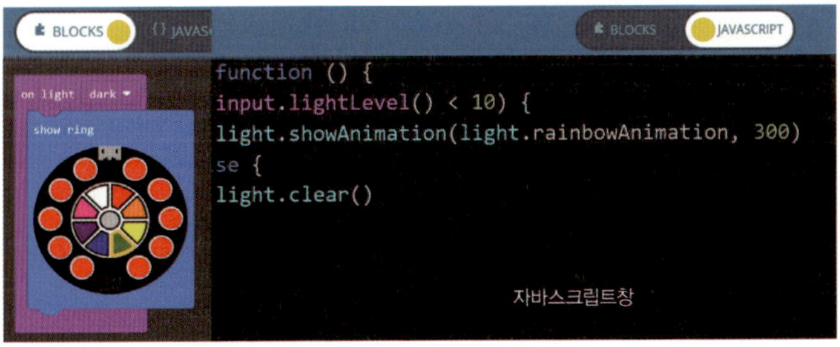

* 표시 부분

| 상단의 버튼*을 클릭하여 블록과 자바 스크립트간에 전환 가능 |

BLOCKS 형태로 지정한 명령어는 JAVASCRIPT 창을 통해 코딩 형식의 명령어로 확인할 수 있으며 블록으로 설정되지 않은 명령어는 JAVASCRIPT 화면에서 직접 입력할 수 있음

메이크코드 실행

메이크코드 프로젝트 만들기 : 새로운 프로젝트 실행하기

1 | 메인보드를 PC와 연결 후 메이크코드 실행 (홈화면)

2 | 홈화면에서 + New Project (새로운 프로젝트 만들기) 클릭

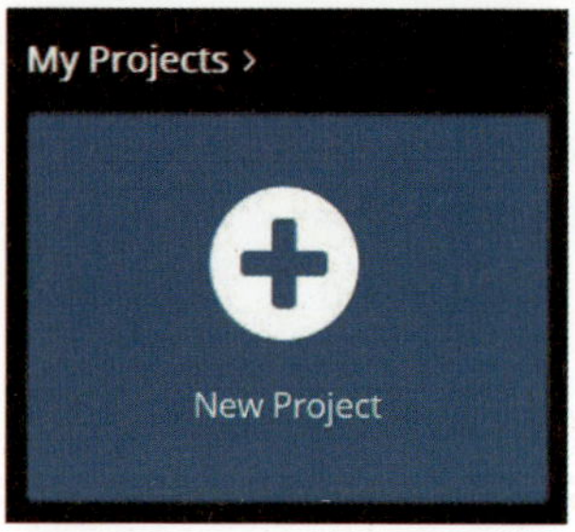

3 | 프로젝트의 기능에 맞는 블록을 실행창에 끌어 놓거나 JAVASCRIPT 창에 명령어를 입력하여 코딩완성하기

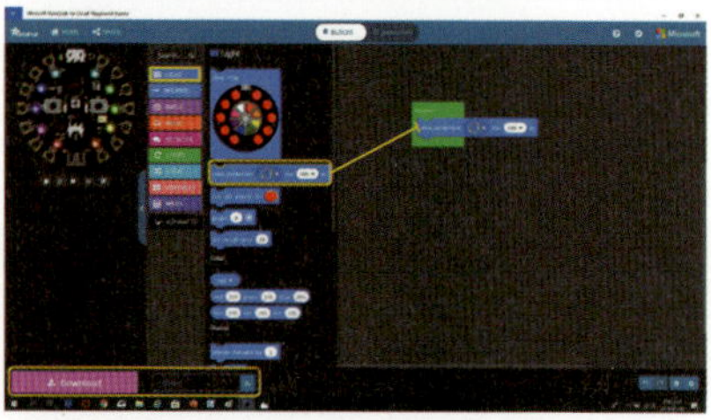

4 | 코딩 제목 입력 후 저장하기

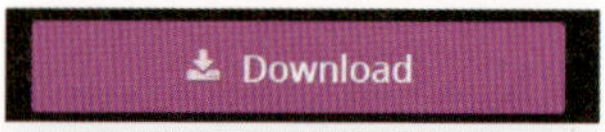

5 | **다운로드하기**

다운로드를 누르면 메인보드로 명령어가 전송되어 프로그램이 실행됨

메이크코드 프로젝트 만들기 : 저장된 프로젝트 불러오기

1 메인보드를 PC와 연결 후 메이크코드 실행 (홈화면)

2 홈화면에서 Import(파일 열기) 클릭

3 Import File 클릭

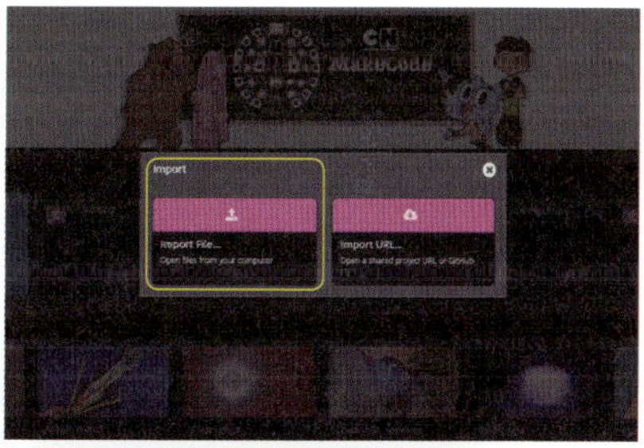

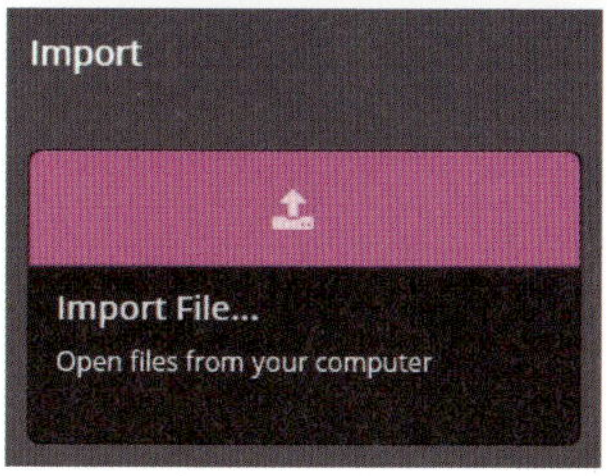

4 **찾아보기**

– 파일 선택

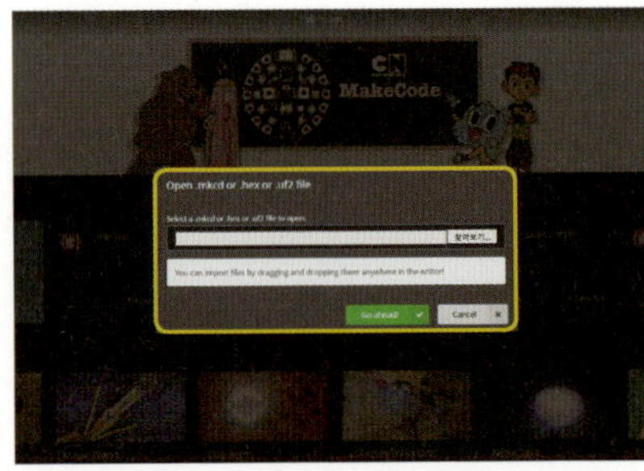

5 Go ahead(찾은 파일 실행하기)

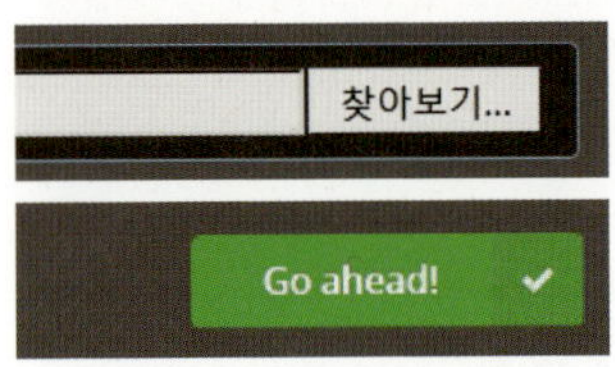

6 프로젝트 코딩 확인 후 다운로드
(프로그램 실행하기)

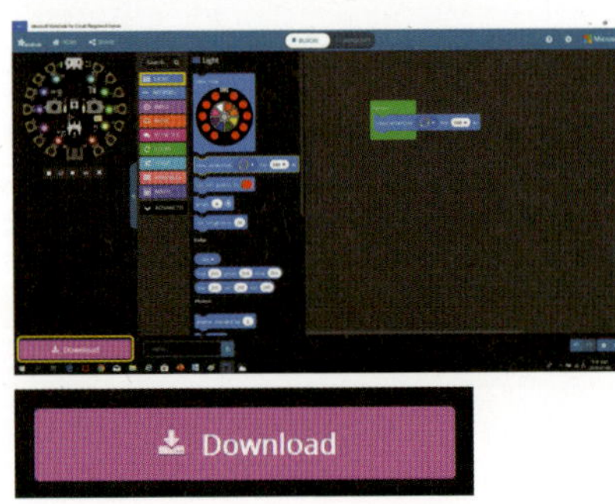

메이크코드 블록

각 블록을 선택하면 다양한 기능의 세부블록이 나오며 원하는 기능에 맞는 블록을 마우스로 끌어서 실행창으로 이동

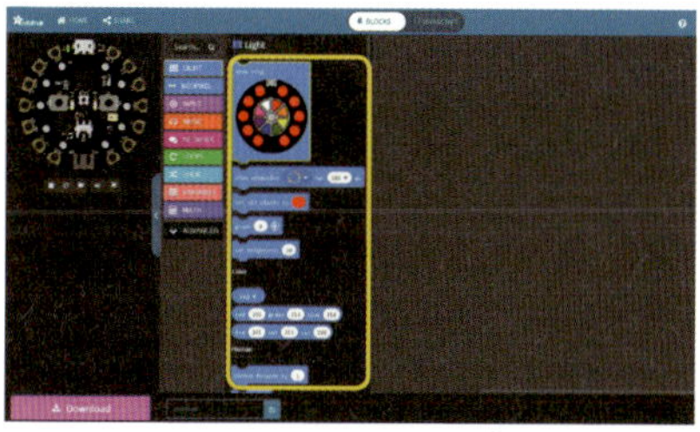

예시)

LIGHT 클릭

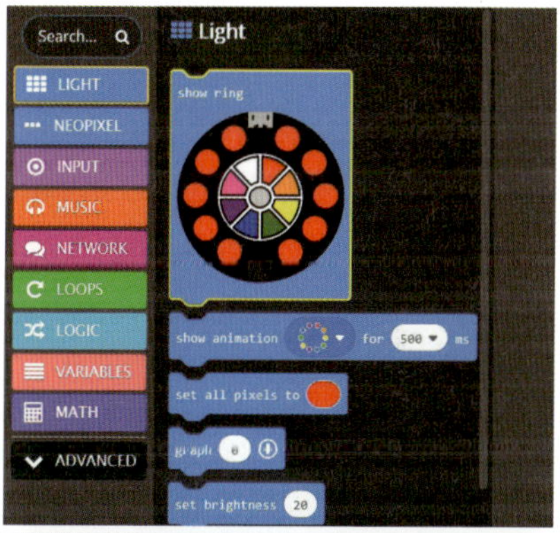

LOGIC 클릭

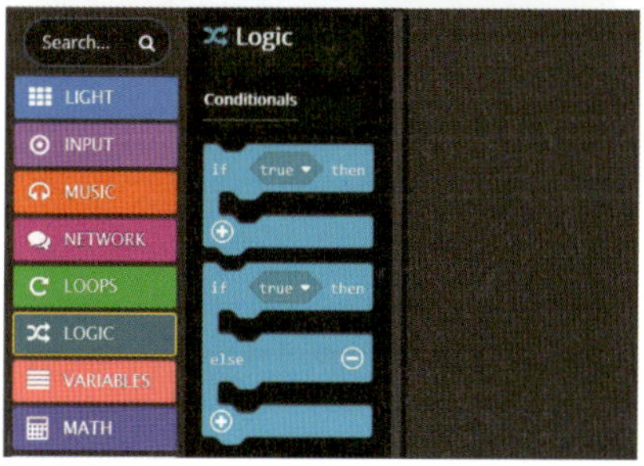

주사용 블록 간단 설명

LIGHT : LED on/off, 깜빡임 지정

INPUT : 보드가 작동하는 조건지정

MUSIC : 보드에서 소리내기

LOOPS : 반복되는 명령지정

LOGIC : 복합조건지정

PINS : 보드의 기능버튼 사용

FUNCTIONS : 블록에 없는 추가 명령어 지정

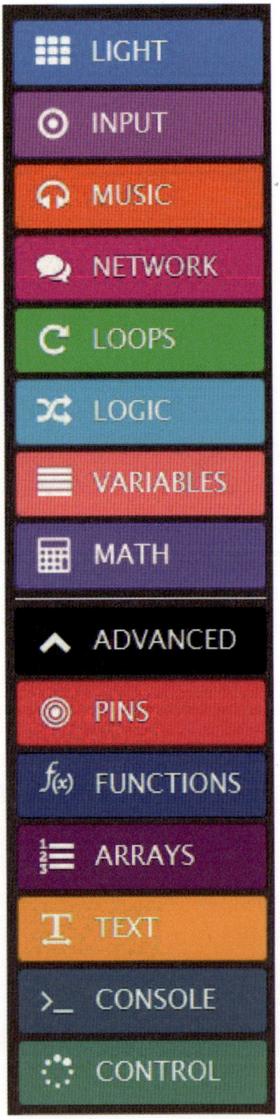

메이크코드 에디터 기능 소개 참고 사이트

https://learn.adafruit.com/makecode/

II 코딩하기

기초편

조도센서, 소리센서, 동작센서에 반응하여 LED 작동하기

PROJECT 1

조도(광)센서

기초편 – 조도(광)센서

PROJECT 1 조도(광)센서	어두운 곳에서 LED가 멀티컬러로 켜지고 밝은 곳에서 LED가 꺼지는 기능 실행하기

순서	메이크코드 실행	코딩하기(BLOCKS 이동)	저장	다운로드

메이크코드 실행

준비하기

노트북과 메인보드 연결

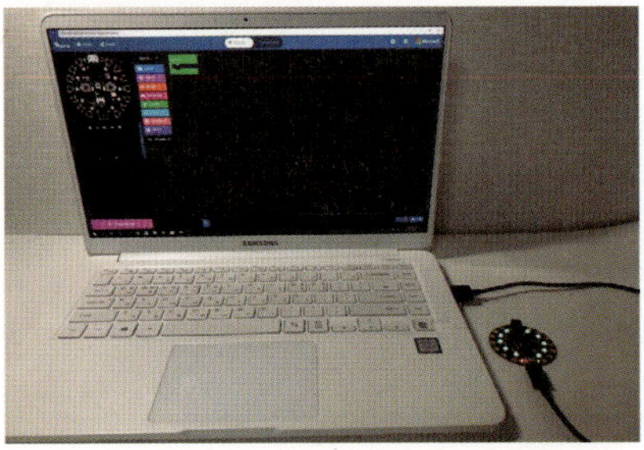

메이크코드 프로그램 실행 후 홈화면에서
+ New Project 클릭

에디터 기본 화면

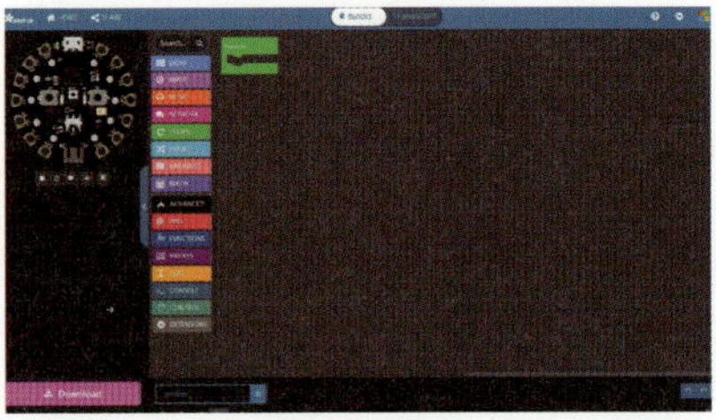

기초편 – 조도(광)센서

PROJECT 1 조도(광)센서	어두운 곳에서 LED가 멀티컬러로 켜지고 밝은 곳에서 LED가 꺼지는 기능 실행하기

순서	메이크코드 실행	코딩하기(BLOCKS 이동)	저장	다운로드

코딩하기

1 **블록 이동**

LOOPS – forever
(에디터 기본 화면에 설정되어 있음)

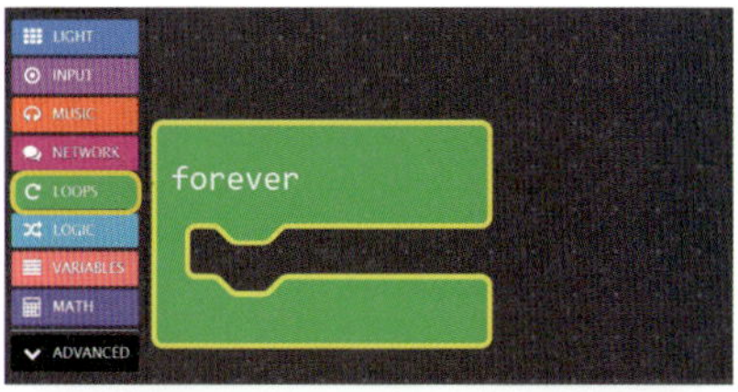

2 **1번 블록(forever 녹색 블록) 가운데 끼워 넣기**

LOGIC 클릭 후, 여러 블록 중에서 Conditionals 목록의 if true then, else 파란색 블록을 1번 블록(forever 녹색 블록) 가운데 끼워 넣기

LOGIC
Conditionals : if true then, else

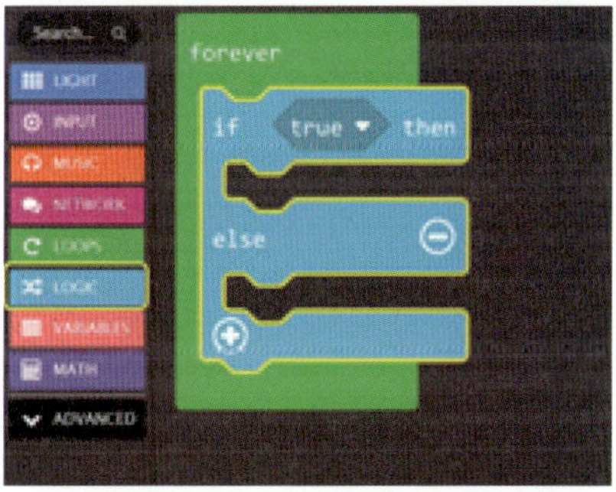

3 **2번 블록(파란색블록)의 true에 끼워 넣기**

LOGIC 클릭 후, 여러 블록 중에서 Comparison 목록의 0<0 블록을 이동하여 true 위치에 가까이 놓으면, true 외곽선이 노란색으로 표시될 때, 끼워 넣기

LOGIC
Comparison : 0<0

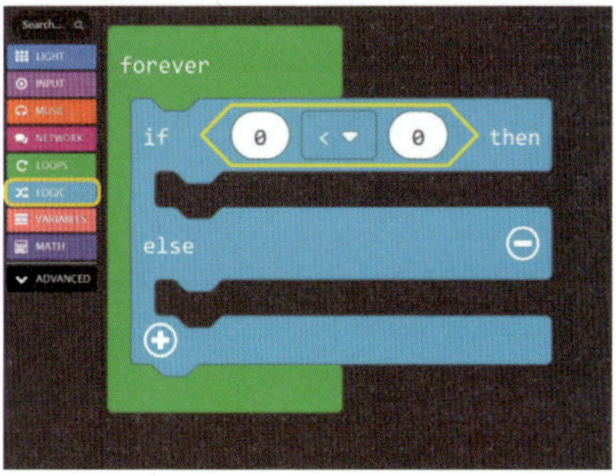

기초편 – 조도(광)센서

PROJECT 1 조도(광)센서	어두운 곳에서 LED가 멀티컬러로 켜지고 밝은 곳에서 LED가 꺼지는 기능 실행하기

순서	메이크코드 실행	코딩하기(BLOCKS 이동)	저장	다운로드

4 **3번 블록 왼쪽 숫자칸에 끼워 넣기**

INPUT 클릭 후, 여러 블록 중에서 light level 블록을 3번 블록 왼쪽 숫자 칸에 끼워 넣기

INPUT
light level

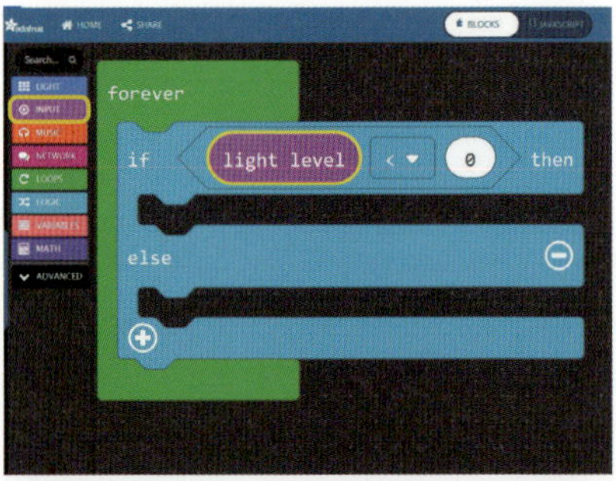

5 **3번 블록 오른쪽 숫자칸에 10 입력**

(10: 원하는 조도값 입력,
밝기가 10보다 어두울 때 LED 켜짐)

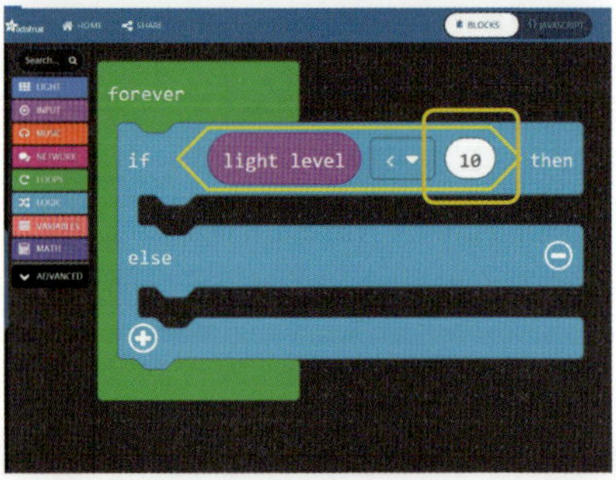

6 **2번 블록 if/else 사이에 끼워 넣기**

LIGHT 클릭 후,
show animation for 300 ms
블록을 if와 else 사이 칸에 끼워 넣기
(LED 애니메이션 효과, LED 지속시간 선택 가능)

LIGHT
show animation for 300 ms

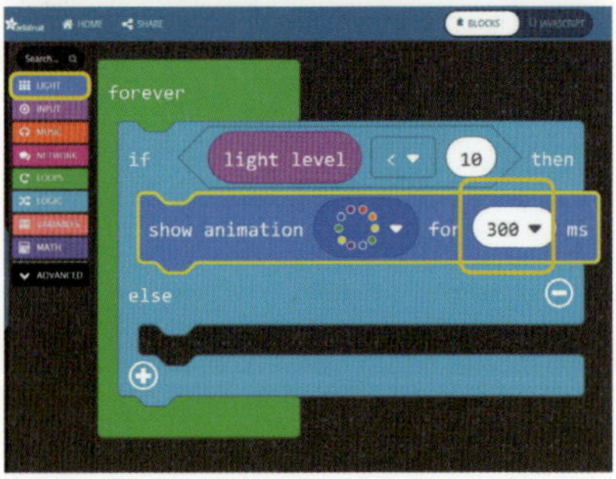

기초편 – 조도(광)센서

PROJECT 1 조도(광)센서	어두운 곳에서 LED가 멀티컬러로 켜지고 밝은 곳에서 LED가 꺼지는 기능 실행하기

순서 | 메이크코드 실행 > 코딩하기(BLOCKS 이동) > 저장 > 다운로드

전체 BLOCKS

7 **2번 블록 else 하단에 끼워 넣기**

LIGHT 클릭 후, More 목록에서 clear 블록을 이동하여 else 아래 칸에 끼워 넣기

LIGHT
More: clear

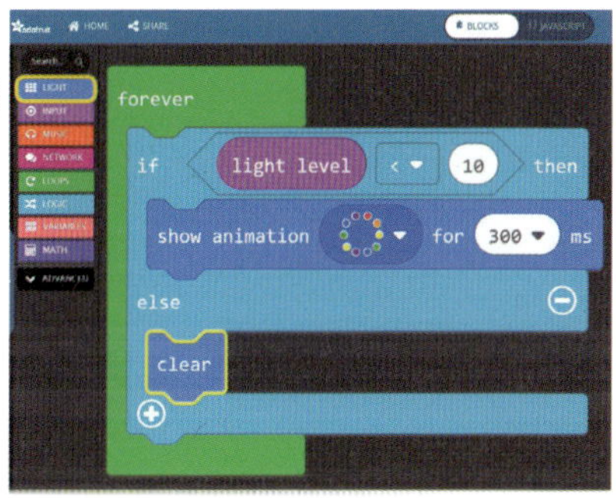

JAVASCRIPT

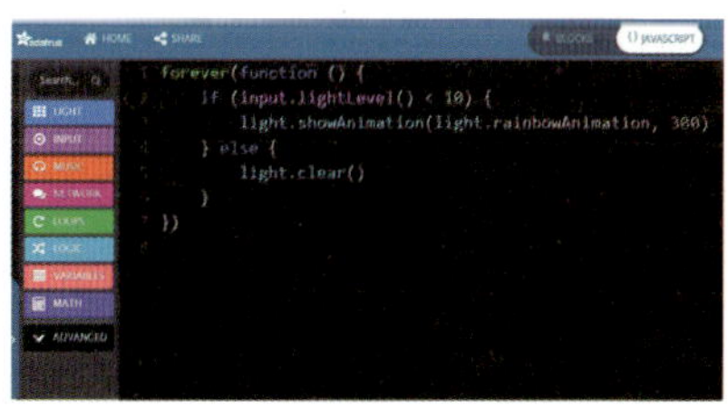

기초편 – 조도(광)센서

PROJECT 1 조도(광)센서	어두운 곳에서 LED가 멀티컬러로 켜지고 밝은 곳에서 LED가 꺼지는 기능 실행하기

순서 | 메이크코드 실행 > 코딩하기(BLOCKS 이동) > 저장 > 다운로드

저장

코딩 제목을 project 1 또는 원하는 제목으로 입력 후 저장하기

다운로드

다운로드하여 메인보드로 명령어 전송

프로그램이 실행됨

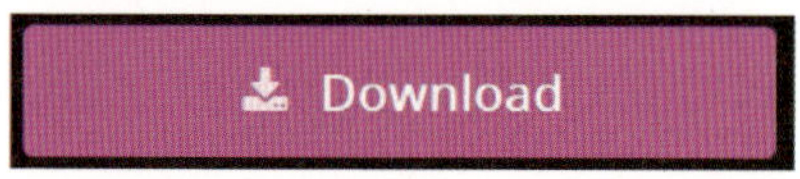

프로그램 실행 결과

어두운 곳
LED ON

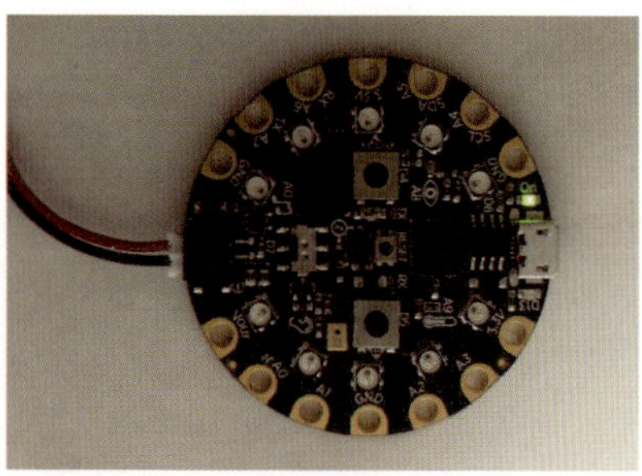

밝은 곳
LED OFF

PROJECT 2

소리(마이크)센서

기초편 – 소리(마이크)센서

PROJECT 2 소리(마이크)센서	소리가 큰 곳에서 LED가 멀티컬러로 표현되고, 소리가 작은 곳에서 LED가 꺼지는 기능 실행하기

순서	메이크코드 실행	코딩하기(BLOCKS 이동)	저장	다운로드

코딩하기 * (BLOCKS 이동순서는 project 1 참조)

1 **블록 이동**

LOOPS – forever

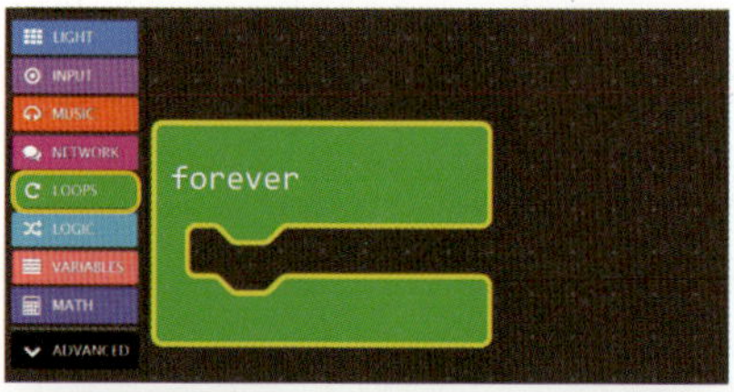

2 **1번 블록(forever 녹색 블록) 가운데 끼워 넣기**

LOGIC 클릭 후, 여러 블록 중에서 Conditionals 목록의 if true then, else 파란색 블록을 1번 블록(forever 녹색 블록) 가운데 끼워 넣기

LOGIC
Conditionals : if true then, else

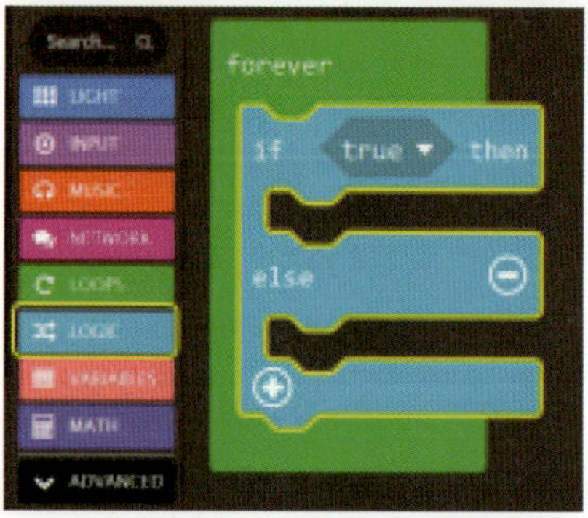

3 **2번 블록(파란색 블록)의 true에 끼워 넣기**

LOGIC 클릭 후, 여러 블록 중에서 Comparison 목록의 0<0 블록을 이동하여 true 위치에 가까이 놓으면, true 외곽선이 노란색으로 표시될 때 끼워 넣기

LOGIC
Comparison : 0<0

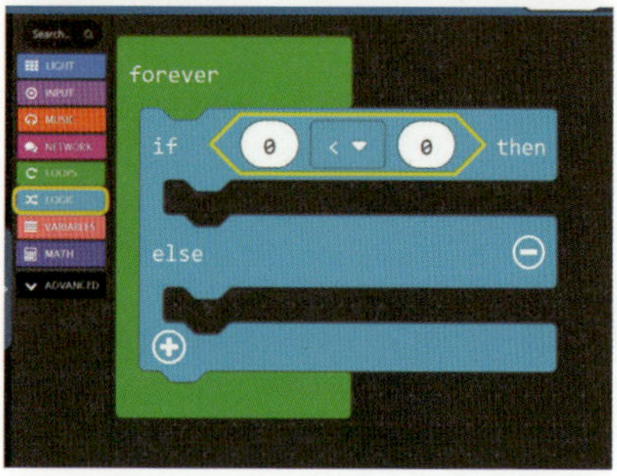

기초편 – 소리(마이크)센서

PROJECT 2 소리(마이크)센서	소리가 큰 곳에서 LED가 멀티컬러로 표현되고, 소리가 작은 곳에서 LED가 꺼지는 기능 실행하기

순서 | 메이크코드 실행 > 코딩하기(BLOCKS 이동) > 저장 > 다운로드

전체 BLOCKS

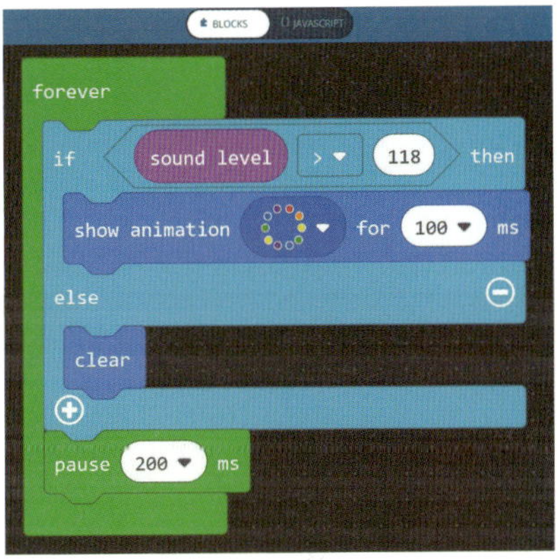

4 < 기호 옆에 화살표 버튼을 클릭 후,
> 기호로 수정

5 **if 블록 왼쪽 숫자칸에 sound level 끼워 넣기**

INPUT 클릭 후 sound level 끼워 넣기

6 **if 블록 오른쪽 숫자칸에 118 입력**

(118: 원하는 사운드값 입력, 사운드 118 이상의 소리가 날때 LED 켜짐)

7 **LIGHT 클릭**

show animation for 100 ms
블록 if/else 사이에 끼워 넣기, 100ms로 변경
(LED 애니메이션효과, 시간 선택 가능)

8 **LIGHT 클릭**

clear 블록 else하단에 끼워 넣기

9 **LOOPS 클릭**

pause 블록 맨 아래에 끼워 넣기
pause 200 ms
(사운드감지시간)

JAVASCRIPT

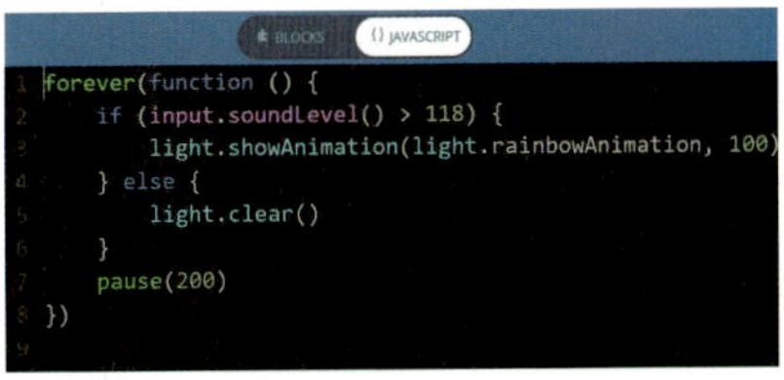

PROJECT 3

동작(움직임)센서

기초편 – 동작(움직임)센서

PROJECT 3 동작(움직임)센서	보드를 흔들면 LED가 켜지며 멀티컬러로 표현되고, 보드를 움직이지 않으면 LED가 꺼지는 기능 실행하기

순서	메이크코드 실행	코딩하기(BLOCKS 이동)	저장	다운로드

* (BLOCKS 이동순서는 project 1 참조)

전체 BLOCKS

BLOCKS 1

1 **INPUT**

Forever 블록 삭제 후
INPUT–on shake 블록 불러오기

2 **LIGHT**

show animation for 500 ms *
(LED 애니메이션효과, 시간 선택 가능)

BLOCKS 2

3 **INPUT**

on shake 블록을 불러온 후, shake를 클릭하여 on face up 블록으로 변경

4 **LIGHT**

set all pixels to 블록 black으로 색상 변경

JAVASCRIPT

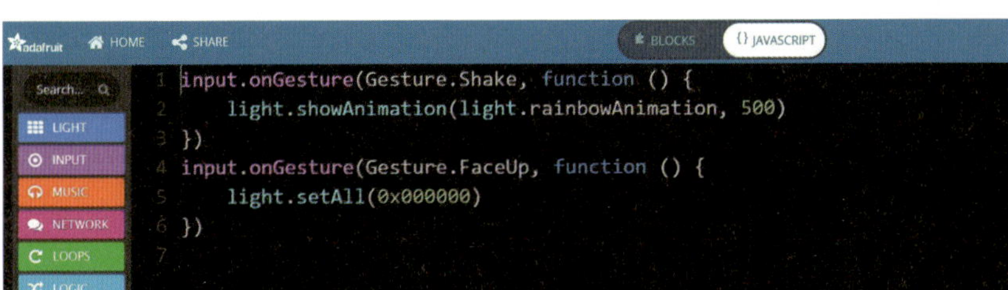

기초편 – 프로젝트 팁

PROJECT TIP!

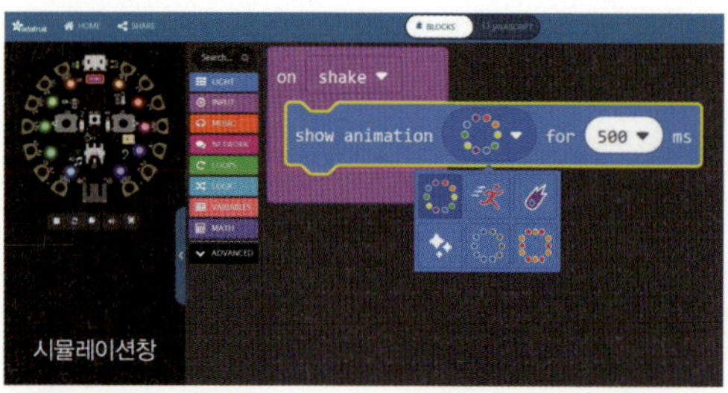

LED 애니메이션 효과 (멀티컬러)는 6가지 중에서 선택 가능

왼쪽 시뮬레이션 창을 통해 보드의 LED 컬러 미리보기 가능

1

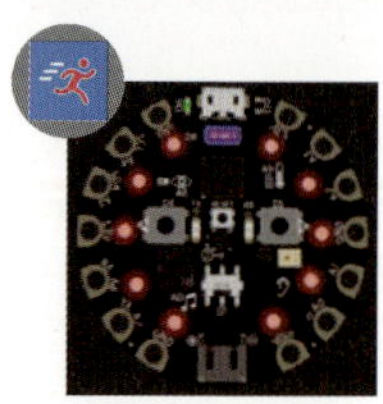
2

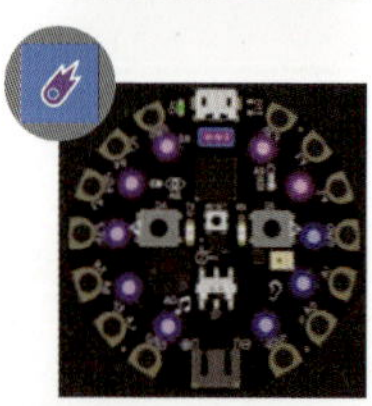
3

4

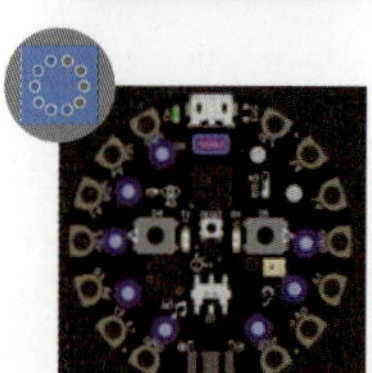
5

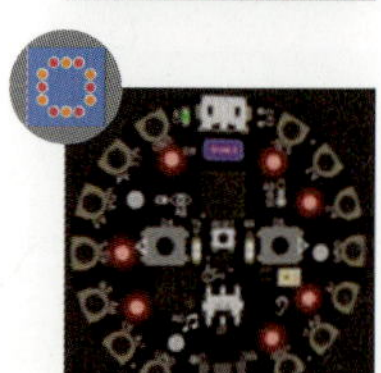
6

1 rainbow
2 running lights
3 comet
4 sparkle
5 color wipe
6 theater chase

응용편 (ON/OFF 기능 추가)

조도센서, 소리센서, 동작센서에 반응하여 LED 작동하기

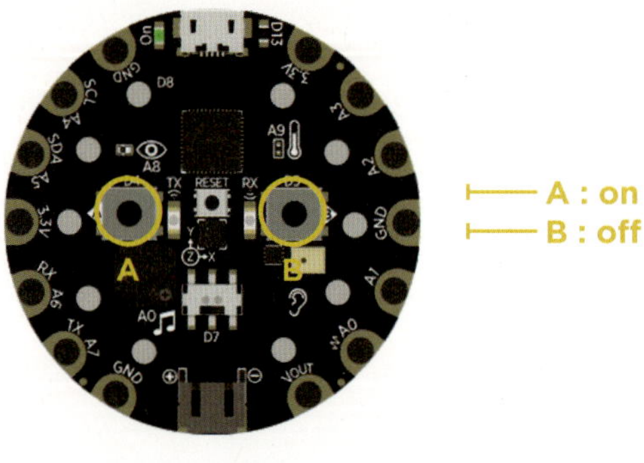

+ Push button switch(A: on, B: off)로 LED를 켜고 끄는 기능 추가

PROJECT 4

조도(광)센서 (ON/OFF 기능)

응용편 – 조도(광)센서

PROJECT 4 조도(광)센서 (ON/OFF)	어두운 곳에서 LED가 멀티컬러로 켜지고, 밝은 곳에서 LED가 꺼짐 + LED on/off 기능 추가 〈버튼A:on, 버튼B:off〉

순서	메이크코드 실행	BLOCKS 이동+JAVASCRIPT 명령어 입력	저장/다운

코딩하기

1 **블록 이동**

LOOPS – forever

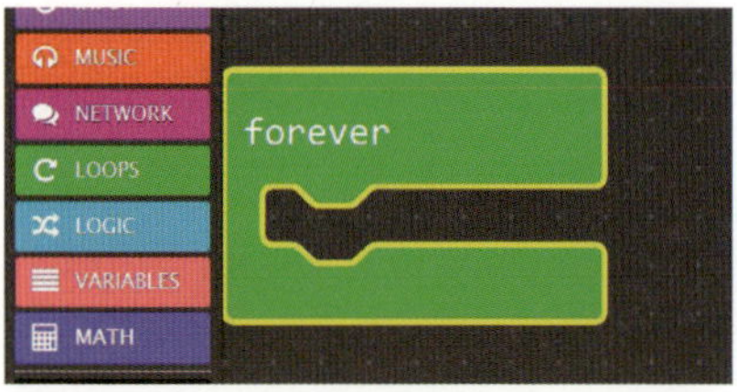

2 **JAVASCRIPT 창에서 forever(function(){ 아래에 "let flag" 입력**

3 **블록창으로 이동해 생성된 let flag 회색블록 아래에 끼워 넣기**

LOGIC
– if true then, else

〈else 아래 " + "기호 클릭〉

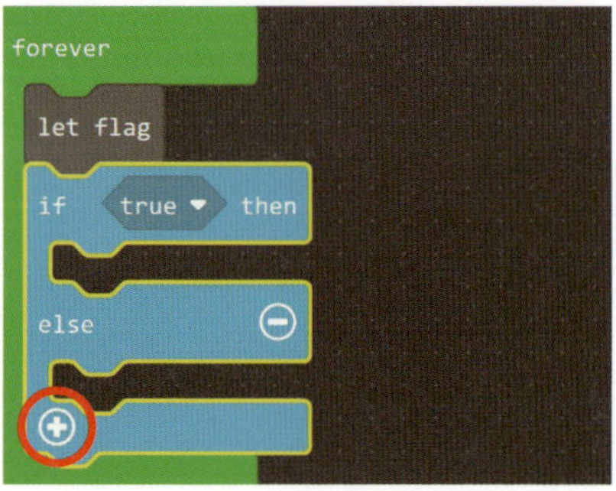

응용편 – 조도(광)센서

PROJECT 4 조도(광)센서 (ON/OFF)	어두운 곳에서 LED가 멀티컬러로 켜지고, 밝은 곳에서 LED가 꺼짐 + LED on/off 기능 추가 〈버튼A:on, 버튼B:off〉

순서	메이크코드 실행	BLOCKS 이동+JAVASCRIPT 명령어 입력	저장/다운

4 **else if then 생성 확인**

〈else 우측 " – "기호 클릭〉

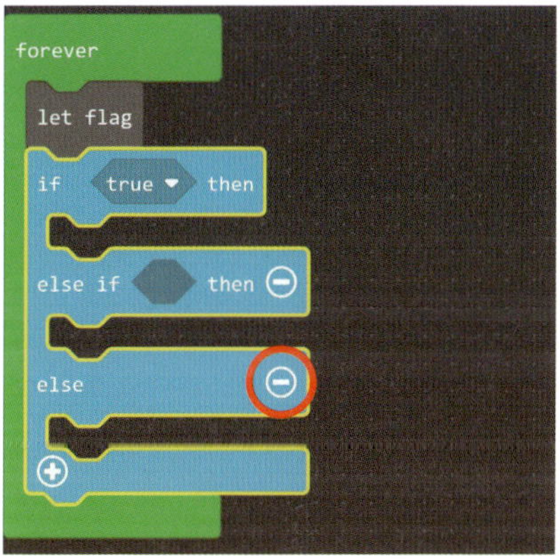

5 **3번 블록(파란색 블록)의 true에 button A was pressed 끼워 넣기**

INPUT – button A was pressed

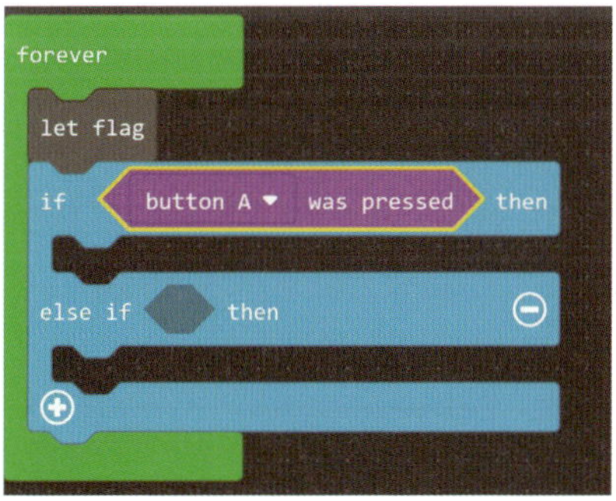

응용편 – 조도(광)센서

PROJECT 4 조도(광)센서 (ON/OFF)	어두운 곳에서 LED가 멀티컬러로 켜지고, 밝은 곳에서 LED가 꺼짐 + LED on/off 기능 추가 〈버튼A:on, 버튼B:off〉

순서	메이크코드 실행	BLOCKS 이동+JAVASCRIPT 명령어 입력	저장/다운

코딩하기

6 **VARIABLES –**

Make a Virables 선택

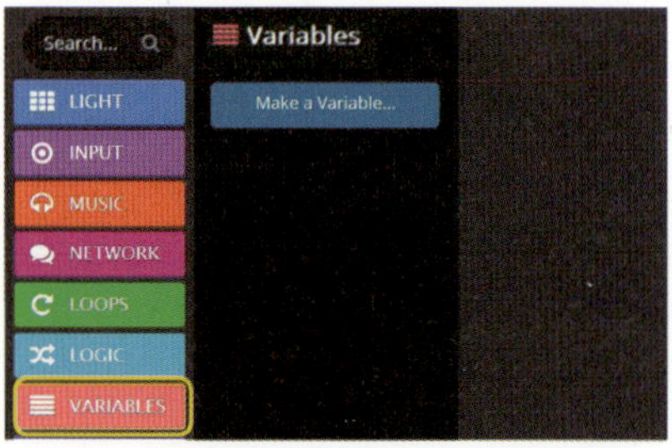

7 **Edit 창에서 새로운 이름 "flag" 입력 하고 저장(ok)**

VARIABLES 세부블록에 생성된 set flag to 0 선택

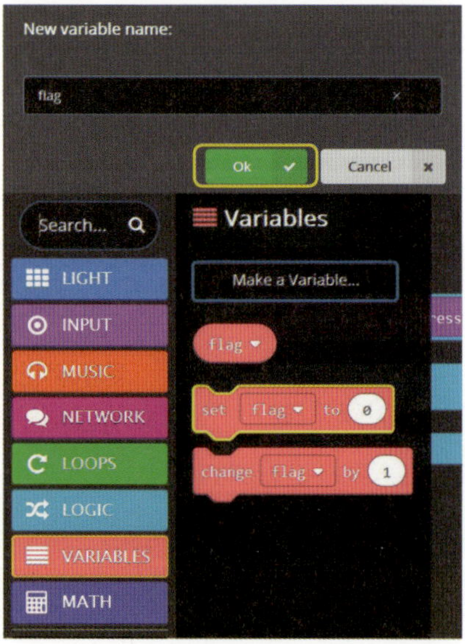

응용편 – 조도(광)센서

PROJECT 4 조도(광)센서 (ON/OFF)	어두운 곳에서 LED가 멀티컬러로 켜지고, 밝은 곳에서 LED가 꺼짐 + LED on/off 기능 추가 〈버튼A:on, 버튼B:off〉

순서 | 메이크코드 실행 > BLOCKS 이동+JAVASCRIPT 명령어 입력 > 저장/다운

8 | VARIABLES에서 선택한 set flag to 0 블록을 드래그하여, if와 else if then 사이에 끼워넣기

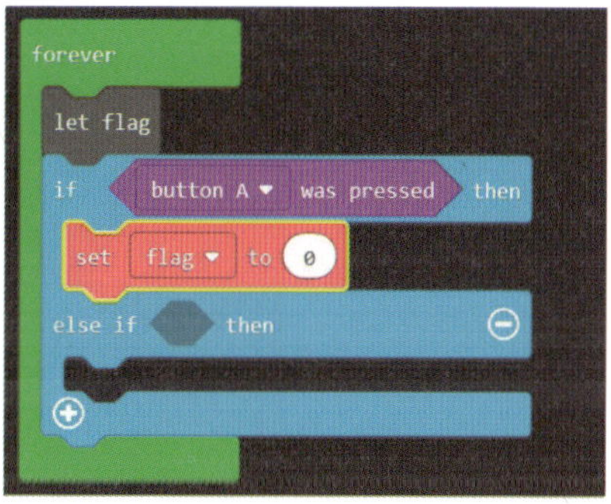

9 | JAVASCRIPT 창에서 flag = 0 하단에 명령어 입력

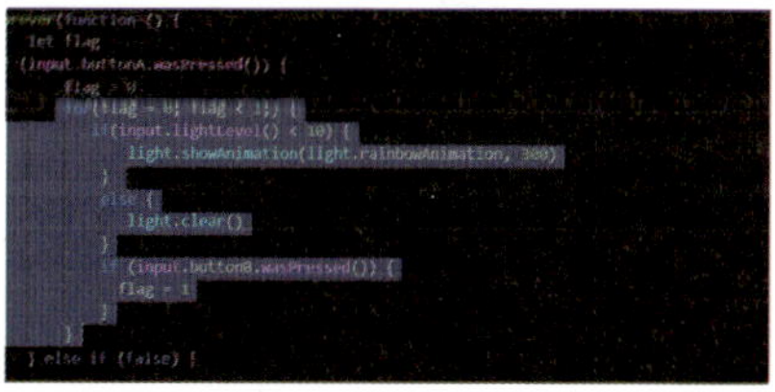

```
for(flag = 0; flag < 1;) {
  if(input.lightLevel() < 10) {
   light.showAnimation(light.rainbowAnimation, 300)
  }
  else {
   light.clear()
  }
  if (input.buttonB.wasPressed()) {
    flag = 1
  }
}
```

응용편 – 조도(광)센서

PROJECT 4 조도(광)센서 (ON/OFF)	어두운 곳에서 LED가 멀티컬러로 켜지고, 밝은 곳에서 LED가 꺼짐 + LED on/off 기능 추가 〈버튼A:on, 버튼B:off〉

순서	메이크코드 실행	BLOCKS 이동+JAVASCRIPT 명령어 입력	저장/다운

코딩하기

10 | 블록창으로 이동하여 명령어 입력 확인

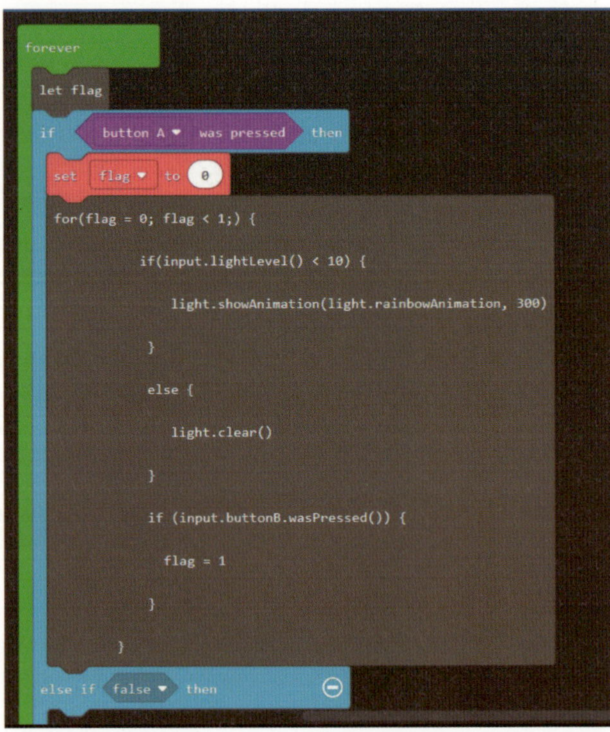

응용편 – 조도(광)센서

PROJECT 4 조도(광)센서 (ON/OFF)	어두운 곳에서 LED가 멀티컬러로 켜지고, 밝은 곳에서 LED가 꺼짐 + LED on/off 기능 추가 〈버튼A:on, 버튼B:off〉

순서	메이크코드 실행	BLOCKS 이동+JAVASCRIPT 명령어 입력	저장/다운

11 **INPUT**

button A was pressed를 불러와서 button B was pressed로 변경한 후, 파란색 블록의 else if____then 사이에 끼워 넣기

〈버튼 변경 : button A 우측 화살표 클릭 → 버튼 선택창에서 button B 선택〉

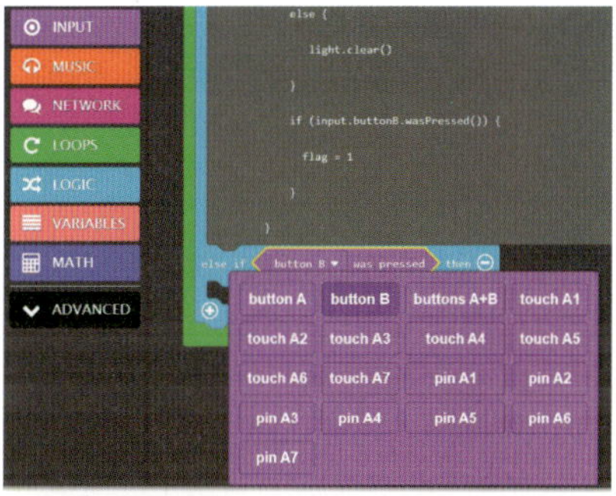

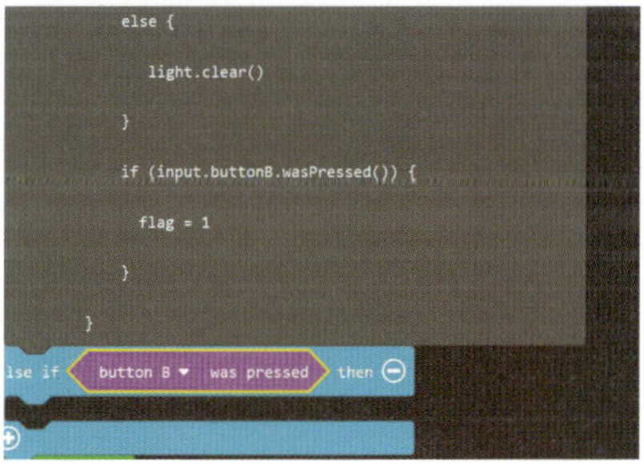

12 **파란색 블록의 button B was pressed then 아래에 set flag to 블록 끼워 넣기**

VARIABLES
set flag to 1
(기본값 숫자 0을 1로 변경해 입력)

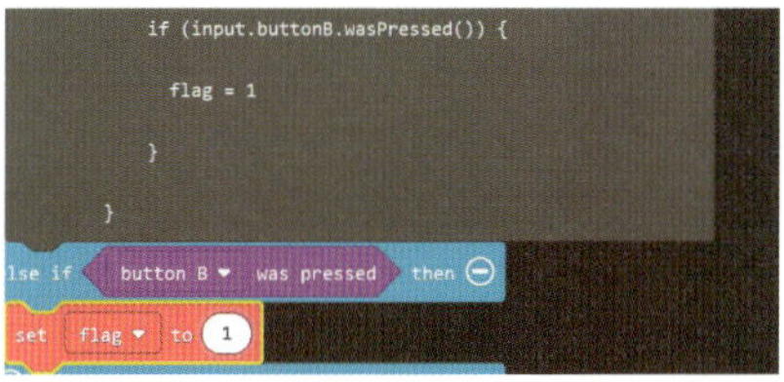

응용편 – 조도(광)센서

PROJECT 4 조도(광)센서 (ON/OFF)	어두운 곳에서 LED가 멀티컬러로 켜지고, 밝은 곳에서 LED가 꺼짐 + LED on/off 기능 추가 〈버튼A:on, 버튼B:off〉

순서	메이크코드 실행	BLOCKS 이동+JAVASCRIPT 명령어 입력	저장/다운

13 **JAVASCRIPT 창에서 flag = 1 하단에 명령어 입력**

```
for (flag = 1; flag < 2;) {
  light.clear()
  if (input.buttonA.wasPressed()) {
    flag = 2
  }
}
```

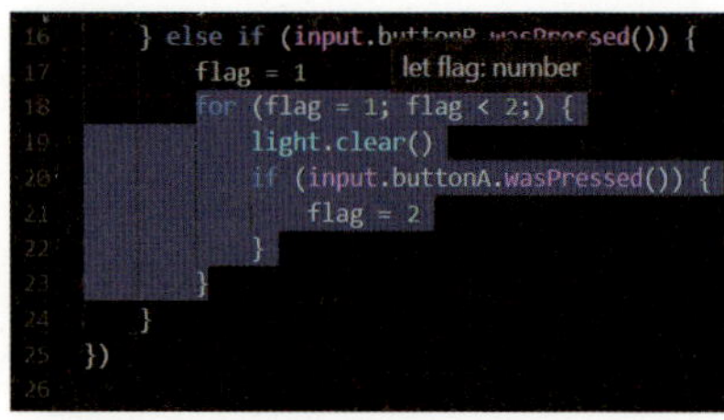

14 블록창으로 이동하여 명령어 입력 확인

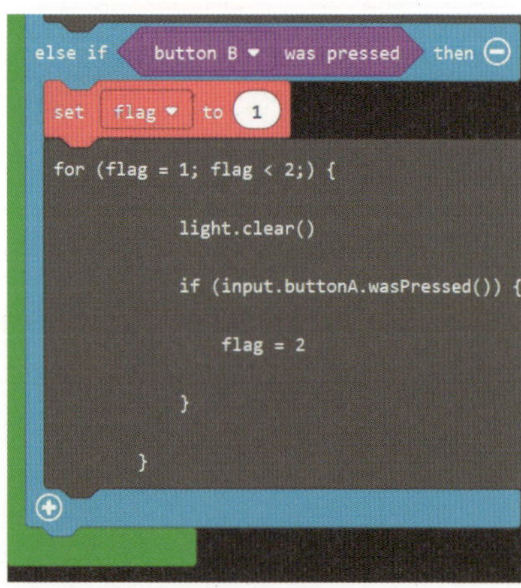

응용편 – 조도(광)센서

PROJECT 4 조도(광)센서 (ON/OFF)	어두운 곳에서 LED가 멀티컬러로 켜지고, 밝은 곳에서 LED가 꺼짐 + LED on/off 기능 추가 〈버튼A:on, 버튼B:off〉

순서	메이크코드 실행	BLOCKS 이동+JAVASCRIPT 명령어 입력	저장/다운

전체 BLOCKS

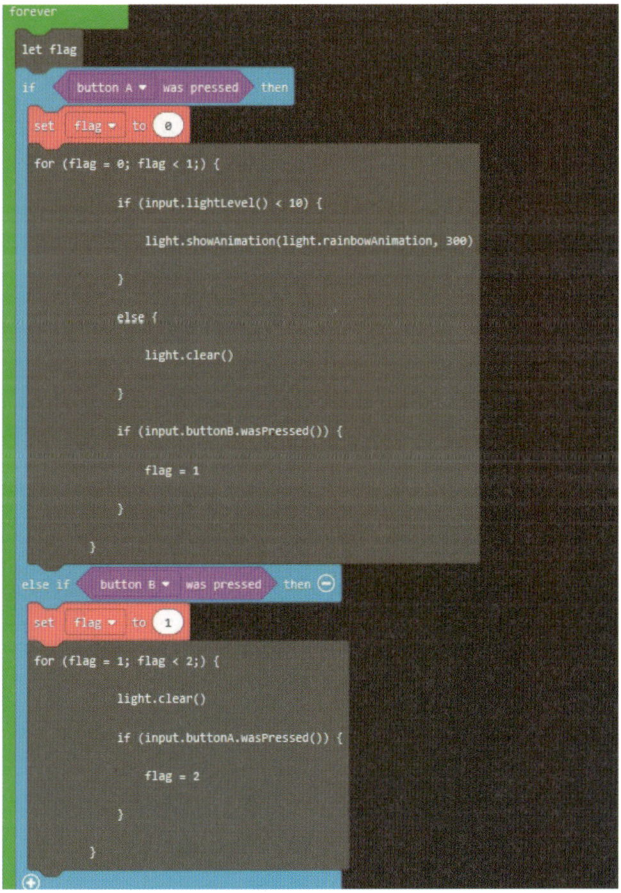

응용편 – 조도(광)센서

PROJECT 4 조도(광)센서 (ON/OFF)	어두운 곳에서 LED가 멀티컬러로 켜지고, 밝은 곳에서 LED가 꺼짐 + LED on/off 기능 추가 <버튼A:on, 버튼B:off>

순서	메이크코드 실행	BLOCKS 이동+JAVASCRIPT 명령어 입력	저장/다운

JAVASCRIPT

```
forever(function () {
    let flag
if (input.buttonA.wasPressed()) {
        flag = 0
        for (flag = 0; flag < 1;) {
            if (input.lightLevel() < 10) {
                light.showAnimation(light.rainbowAnimation, 300)
            }
            else {
                light.clear()
            }
            if (input.buttonB.wasPressed()) {
                flag = 1
            }
        }
    } else if (input.buttonB.wasPressed()) {
        flag = 1
        for (flag = 1; flag < 2;) {
            light.clear()
            if (input.buttonA.wasPressed()) {
                flag = 2
            }
        }
    }
})
```

PROJECT 5

소리(마이크)센서 (ON/OFF 기능)

응용편 – 소리(마이크)센서

PROJECT 5 소리(마이크)센서 (ON/OFF)	큰 소리가 나면 LED가 반짝임 + LED on/off 기능 추가 〈버튼A:on, 버튼B:off〉

순서	메이크코드 실행	BLOCKS 이동+JAVASCRIPT 명령어 입력	저장/다운

코딩하기

1 **블록 이동**

FUNCTIONS
– Make a Function

2 **Edit 창에서 제목 입력 "is_Loud"**

Done (저장)

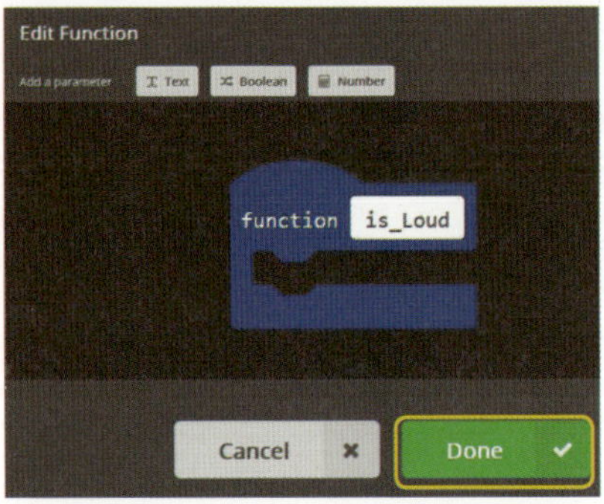

3 블록창에서 function
블록 생성 확인 후
JAVASCRIPT 창으로 이동

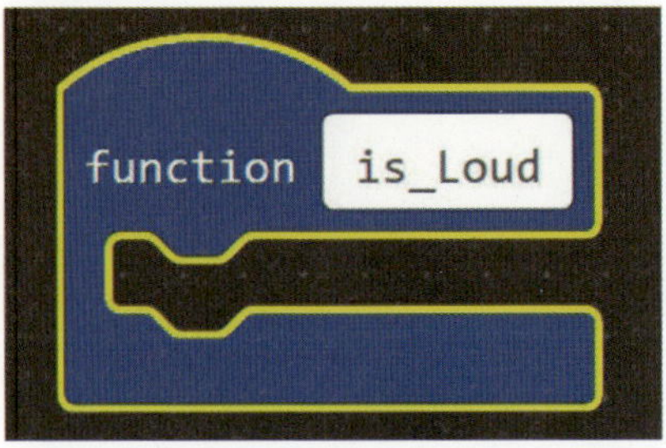

PROJECT 5
소리(마이크)센서 (ON/OFF)

큰 소리가 나면 LED가 반짝임
+ LED on/off 기능 추가 〈버튼A:on, 버튼B:off〉

순서 | 메이크코드 실행 > BLOCKS 이동+JAVASCRIPT 명령어 입력 > 저장/다운

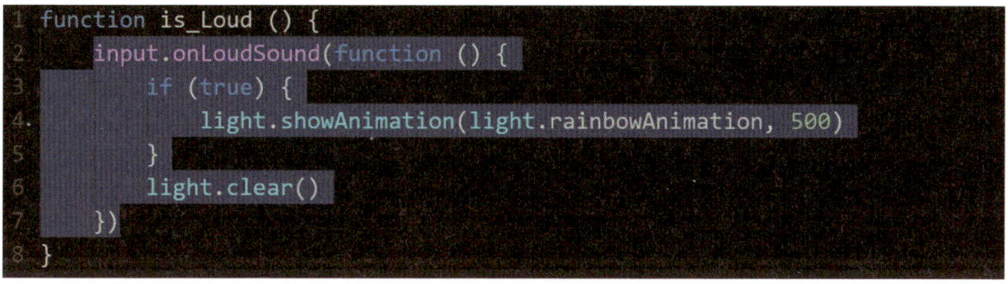

4 **JAVASCRIPT 창에서 function 제목 하단에 명령어 입력**

```
input.onLoudSound(function () {
    if (true) {
        light.showAnimation(light.rainbowAnimation, 500)
    }
    light.clear()
})
```

5 블록창으로 이동하여
명령어 입력 확인

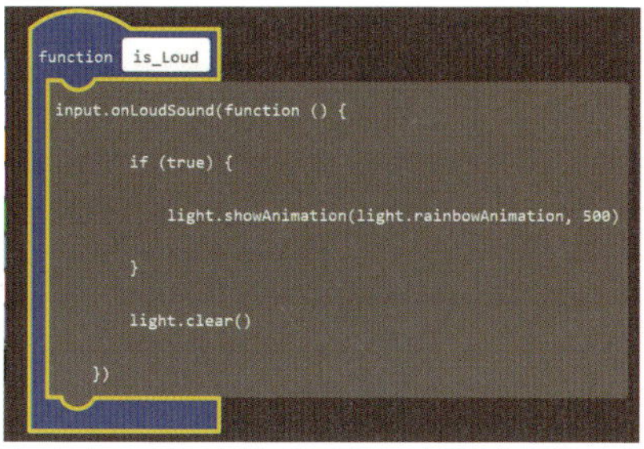

응용편 – 소리(마이크)센서

PROJECT 5 소리(마이크)센서 (ON/OFF)	큰 소리가 나면 LED가 반짝임 + LED on/off 기능 추가 〈버튼A:on, 버튼B:off〉

순서	메이크코드 실행	BLOCKS 이동+JAVASCRIPT 명령어 입력	저장/다운

```
function is_Stopped () {
    input.onLoudSound(function () {
        light.clear()
    })
}
```

6 FUNCTIONS – Make a Function : is_Stopped (제목 입력)
(Function 블록 생성 순서는 1–3 참조)

JAVASCRIPT 창에서 function 제목 하단에 명령어 입력

```
input.onLoudSound(function () {
    light.clear()
})
```

7 블록창으로 이동하여
명령어 입력 확인

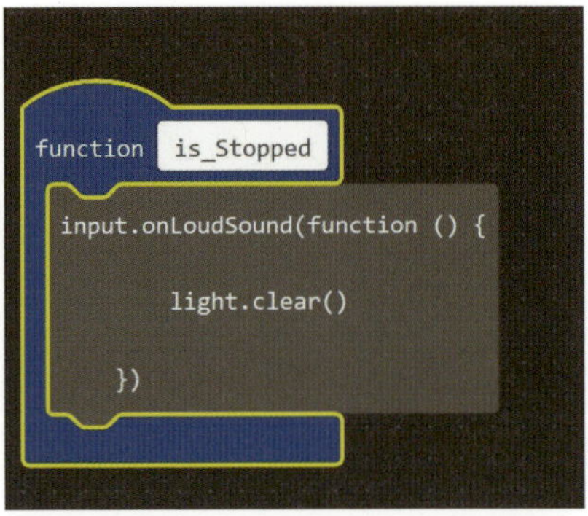

응용편 – 소리(마이크)센서

PROJECT 5 소리(마이크)센서 (ON/OFF)	큰 소리가 나면 LED가 반짝임 + LED on/off 기능 추가 〈버튼A:on, 버튼B:off〉

순서	메이크코드 실행	BLOCKS 이동+JAVASCRIPT 명령어 입력	저장/다운

8 **블록 이동**

LOOPS
forever

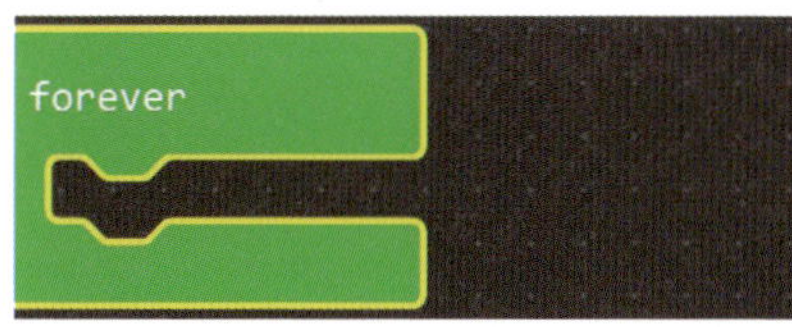

9 **8번 블록(연두색 블록) 가운데 끼워 넣기**

LOGIC
if true then, else

〈else 아래 " + "기호 클릭〉

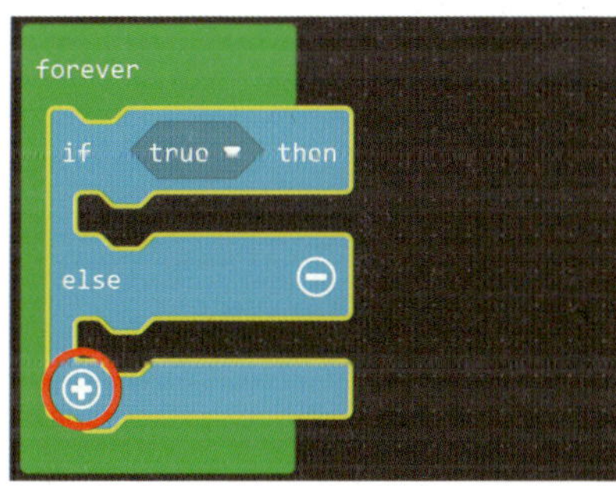

10 **else if then 생성 확인**

〈else 우측 " – "기호 클릭〉

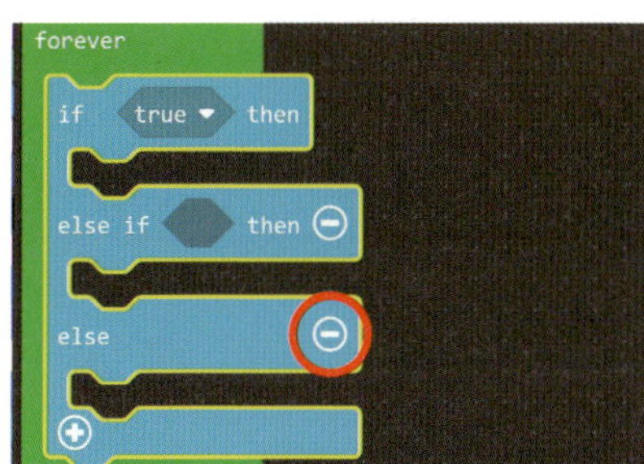

응용편 – 소리(마이크)센서

PROJECT 5 소리(마이크)센서 (ON/OFF)	큰 소리가 나면 LED가 반짝임 + LED on/off 기능 추가 〈버튼A:on, 버튼B:off〉

순서	메이크코드 실행	BLOCKS 이동+JAVASCRIPT 명령어 입력	저장/다운

11 **9번 블록(파란색 블록)의 true에 button A was pressed 끼워 넣기**

INPUT
button A was pressed

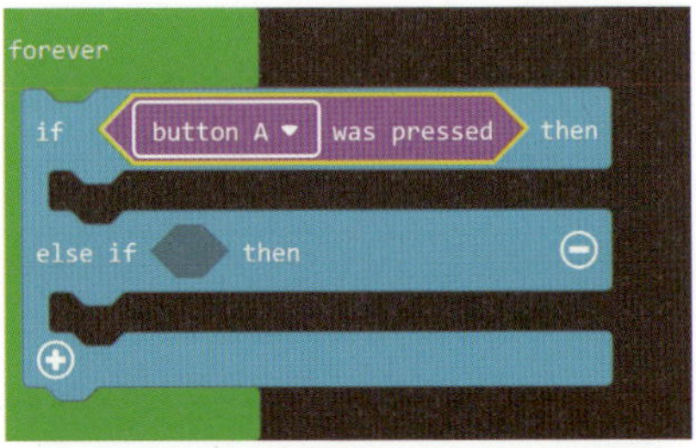

12 **ADVANCED**

FUNCTIONS
call is_Loud 블록 선택

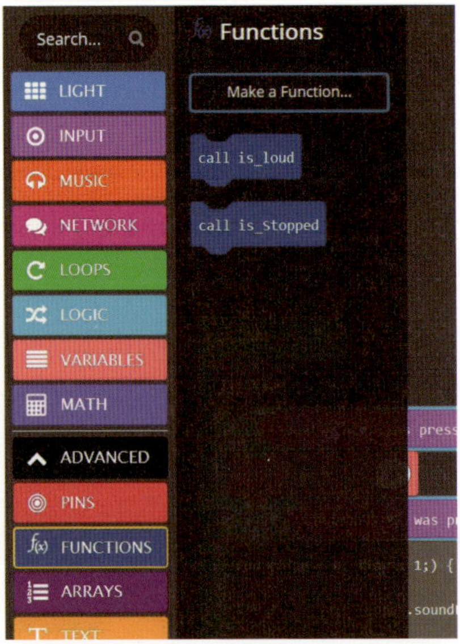

응용편 – 소리(마이크)센서

PROJECT 5 소리(마이크)센서 (ON/OFF)	큰 소리가 나면 LED가 반짝임 + LED on/off 기능 추가 〈버튼A:on, 버튼B:off〉

순서	메이크코드 실행	BLOCKS 이동+JAVASCRIPT 명령어 입력	저장/다운

13 **if 아래 끼워 넣기**

call is_Loud

14 **INPUT**

button A was pressed를
button B was pressed로 변경한 후,
else if ___ then 사이에 끼워 넣기

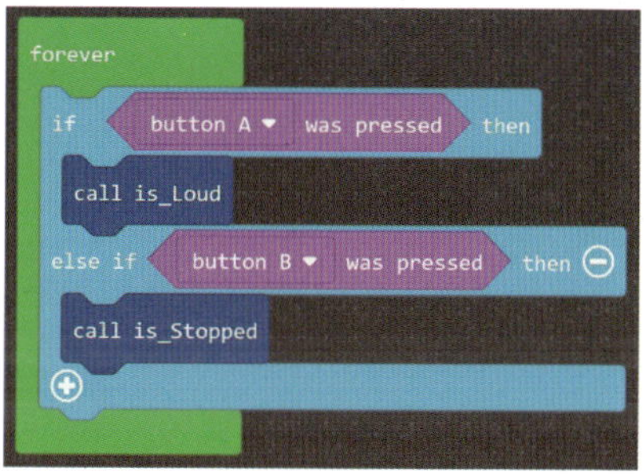

15 **ADVANCED**

FUNCTIONS call is_Stopped 블록 선택한 후,
else if 아래 끼워 넣기

응용편 – 소리(마이크)센서

PROJECT 5 소리(마이크)센서 (ON/OFF)	큰 소리가 나면 LED가 반짝임 + LED on/off 기능 추가 〈버튼A:on, 버튼B:off〉

순서	메이크코드 실행	BLOCKS 이동+JAVASCRIPT 명령어 입력	저장/다운

전체 BLOCKS

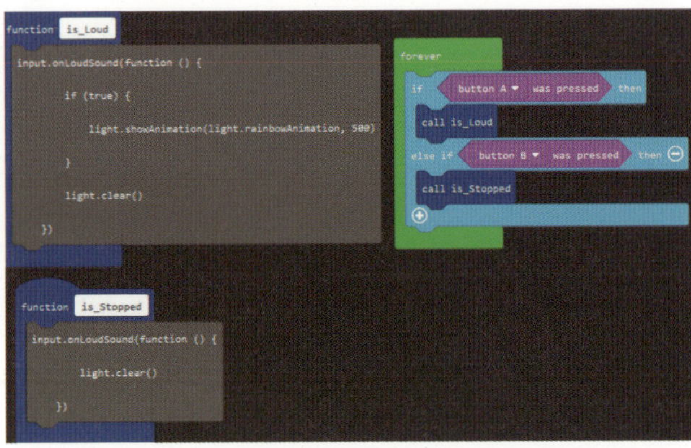

JAVASCRIPT

```
function is_Loud () {
    input.onLoudSound(function () {
        if (true) {
            light.showAnimation(light.rainbowAnimation, 500)
        }
        light.clear()
    })
}
function is_Stopped () {
    input.onLoudSound(function () {
        light.clear()
    })
}
forever(function () {
    if (input.buttonA.wasPressed()) {
        is_Loud()
    } else if (input.buttonB.wasPressed()) {
        is_Stopped()
    }
})
```

PROJECT 6

동작(움직임)센서 (ON/OFF 기능)

응용편 – 동작(움직임)센서

PROJECT 6 동작(움직임)센서 (ON/OFF)	보드를 흔들면 LED가 반짝임 + LED on/off 기능 추가 <버튼A:on, 버튼B:off>

순서	메이크코드 실행	BLOCKS 이동+JAVASCRIPT 명령어 입력	저장/다운

코딩하기

1 **블록 이동**

FUNCTIONS
Make a Function

2 **Edit 창에서 제목 입력 "is_Shaking"**

Done (저장)

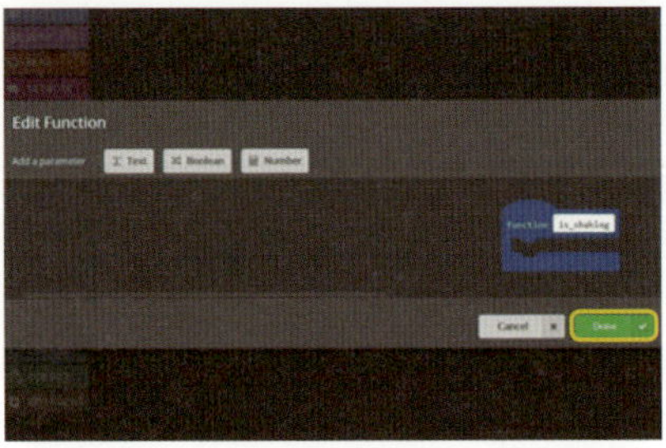

3 블록창에서 function
블록 생성 확인 후
JAVASCRIPT 창으로 이동

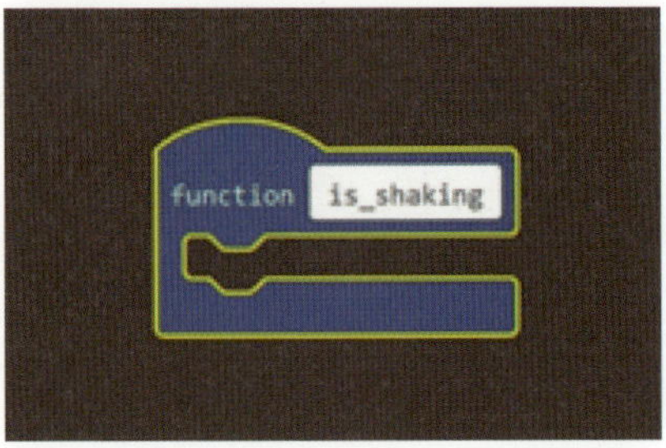

응용편 – 동작(움직임)센서

PROJECT 6 동작(움직임)센서 (ON/OFF)	보드를 흔들면 LED가 반짝임 + LED on/off 기능 추가 〈버튼A:on, 버튼B:off〉

순서	메이크코드 실행	BLOCKS 이동+JAVASCRIPT 명령어 입력	저장/다운

코딩하기

```
function is_Shaking () {
    input.onGesture(Gesture.Shake, function () {
        if (true) {
            light.showAnimation(light.rainbowAnimation, 500)
        }
        light.clear()
    })
}
```

4 **FUNCTIONS – Make a Function : is_Shaking (제목 입력)**
JAVASCRIPT (명령어 입력)

```
input.onGesture(Gesture.Shake, function () {
  if (true) {
    light.showAnimation(light.rainbowAnimation, 500)
  }
   light.clear()
  })
```

5 블록창으로 이동하여
명령어 입력 확인

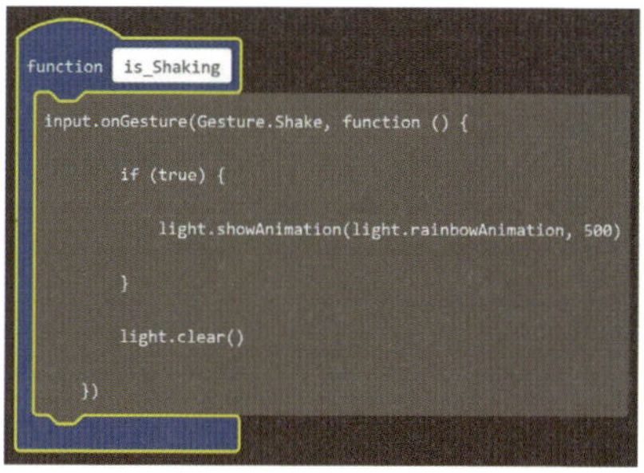

응용편 – 동작(움직임)센서

PROJECT 6 동작(움직임)센서 (ON/OFF)	보드를 흔들면 LED가 반짝임 + LED on/off 기능 추가 〈버튼A:on, 버튼B:off〉

순서	메이크코드 실행	BLOCKS 이동+JAVASCRIPT 명령어 입력	저장/다운

코딩하기

```
function is_Stopped () {
    input.onGesture(Gesture.Shake, function () {
        light.clear()
    })
}
```

6 **FUNCTIONS – Make a Function : is_Stopped (제목 입력)**
JAVASCRIPT (명령어 입력)

```
input.onGesture(Gesture.Shake, function () {
  light.clear()
})
```

7 블록창으로 이동하여
명령어 입력 확인

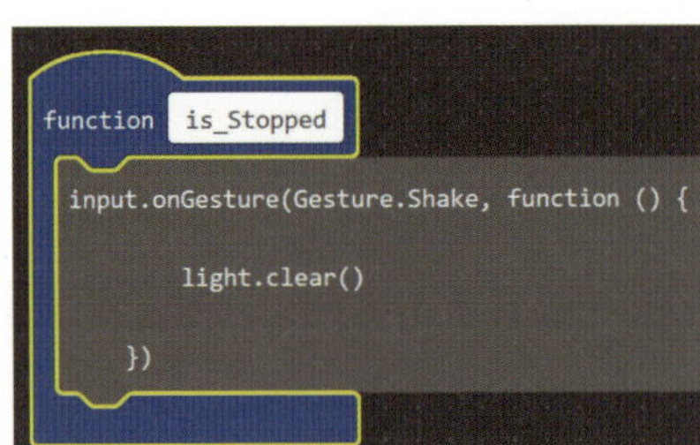

응용편 – 동작(움직임)센서

PROJECT 6 동작(움직임)센서 (ON/OFF)	보드를 흔들면 LED가 반짝임 + LED on/off 기능 추가 〈버튼A:on, 버튼B:off〉

순서	메이크코드 실행	BLOCKS 이동+JAVASCRIPT 명령어 입력	저장/다운

8 LOOPS – FOREVER

9 LOGIC

if true then, else 블록을 선택하여
Forever 블럭 가운데에 끼워 넣기
〈else if 아래에 "+" 기호 클릭하여
else if then 생성,
else if 오른쪽에 "–" 기호 클릭〉

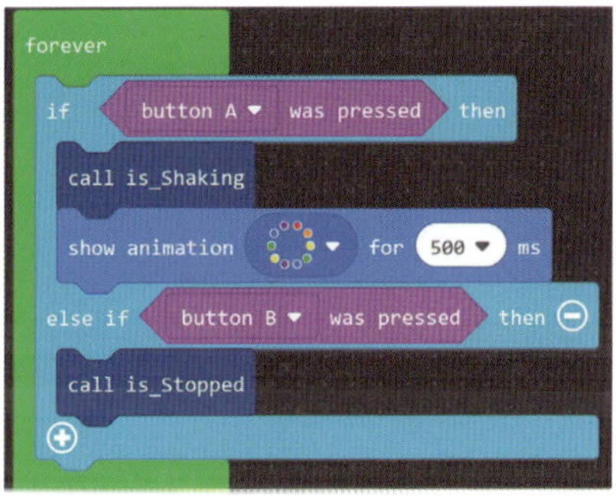

10 INPUT

button A was pressed 블록을 선택하여
if와 then 사이에 끼워 넣기
(button A 선택)

11 FUNCTIONS

call is_shaking 블록을 선택하여 if와 else if 사이 칸에 끼워 넣기

12 LIGHT

show animation for 500 ms 블록을 선택하여 call is_Shaking 블록 아래에 끼워 넣기

13 INPUT

button B was pressed 블록을 선택하여 else if와 then 사이에 끼워 넣기(button B 선택)

14 FUNCTIONS

call is_stopped 블록을 선택하여 else if 아래 칸에 끼워 넣기

응용편 – 동작(움직임)센서

PROJECT 6 동작(움직임)센서 (ON/OFF)	보드를 흔들면 LED가 반짝임 + LED on/off 기능 추가 〈버튼A:on, 버튼B:off〉

순서	메이크코드 실행	BLOCKS 이동+JAVASCRIPT 명령어 입력	저장/다운

전체 BLOCKS

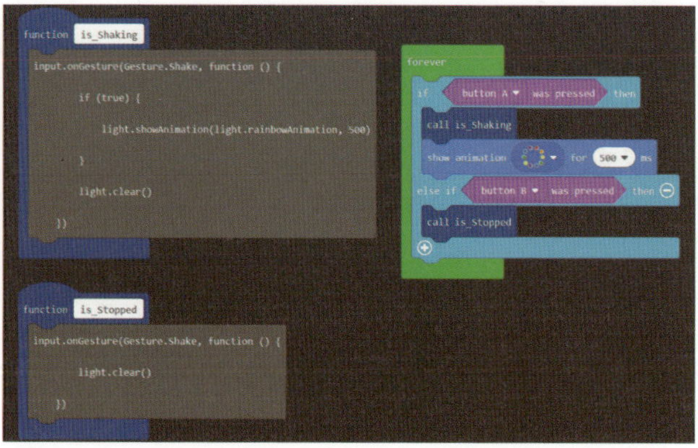

JAVASCRIPT

```
function is_Shaking () {
    input.onGesture(Gesture.Shake, function () {
        if (true) {
            light.showAnimation(light.rainbowAnimation, 500)
        }
        light.clear()
    })
}
function is_Stopped () {
    input.onGesture(Gesture.Shake, function () {
        light.clear()
    })
}
forever(function () {
    if (input.buttonA.wasPressed()) {
        is_Shaking()
        light.showAnimation(light.rainbowAnimation, 500)
    } else if (input.buttonB.wasPressed()) {
        is_Stopped()
    }
})
```

응용편 – 프로젝트 팁

PROJECT TIP!

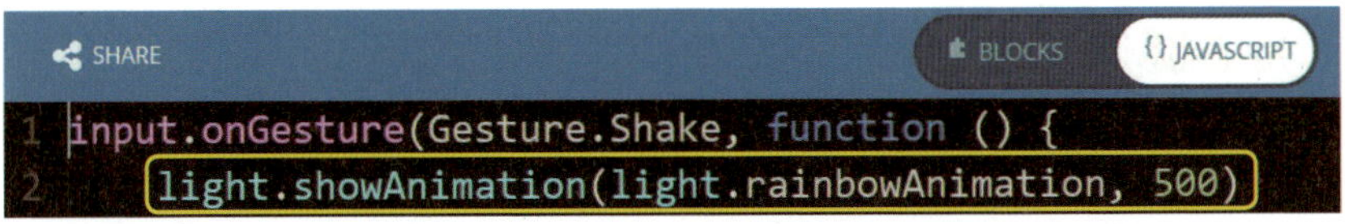

LED 애니메이션 효과(멀티컬러)블록의 코딩 명령어는 블록을 실행창으로 이동한 뒤 JAVASCRIPT 창에 6개 멀티컬러 기능 중에서 원하는 멀티컬러 명령어를 작성하여 사용 가능

rainbow	light.showAnimation(light.rainbowAnimation, 500)
running lights	light.showAnimation(light.runningLightsAnimation, 500)
comet	light.showAnimation(light.cometAnimation, 500)
sparkle	light.showAnimation(light.sparkleAnimation, 500)
color wipe	light.showAnimation(light.colorWipeAnimation, 500)
theater chase	light.showAnimation(light.theaterChaseAnimation, 500)

PART 3

WEAR-
ABLE
TECH-
NOLOGY

메이크코드를 활용한
웨어러블 테크 패션 아이템

I 부착형 LED 와펜

II 조도센서를 활용한 D.I.Y. LED 와펜

III 소리센서를 활용한 에코백

IV 동작센서를 활용한 팬츠

부착형 LED 와펜

준비물

1	메인보드
2	와펜
3	리튬 배터리
4	글루건
5	부직포
6	와펜용 옷핀
7	Micro USB케이블

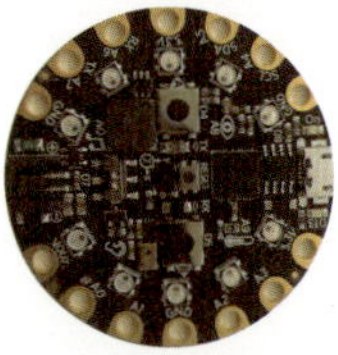

1

2

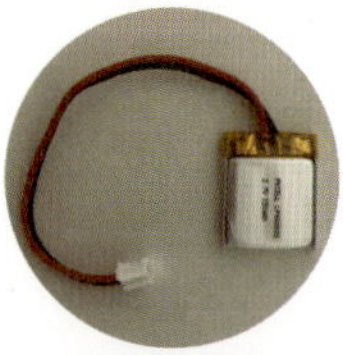

3

4

5

6

7

부착형 LED 와펜

제작 과정

1 **글루건으로 와펜 뒷면에 옷핀 부착**

2 **옷핀형 와펜 크기 측정**

지름 7.5cm
와펜 크기에 맞게 안감용 부직포 재단

3 부직포에 옷핀구멍 만들기

4 하단에 배터리가 들어갈 공간을 남겨두고
글루건으로 와펜 뒷면에 부직포 부착

부착형 LED 와펜

5 | 글루건으로 와펜 앞면에 메인보드 부착

6 | **안감에 배터리 넣기**

부직포 안감 하단의 열린 공간을 통해 안쪽으로 배터리선이 보이지 않도록 밀어넣기

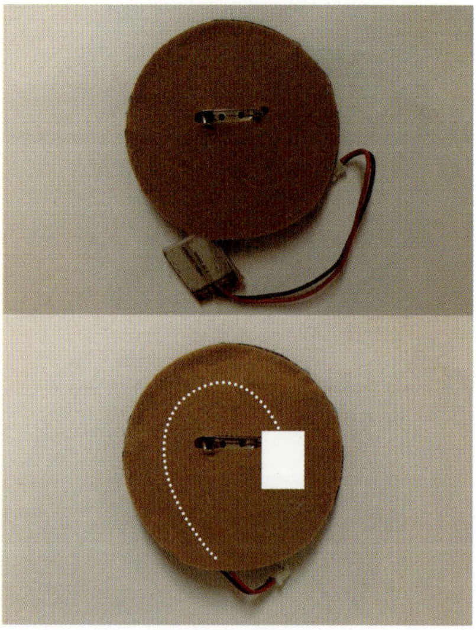

부착형 LED 와펜

7 앞쪽 메인보드에 배터리 연결

8 **LED 와펜 완성**

*** 코딩하기**

조도센서, 소리센서, 동작센서를 코딩하여 LED를 작동한다.

조도센서를 활용한 D.I.Y. LED 와펜

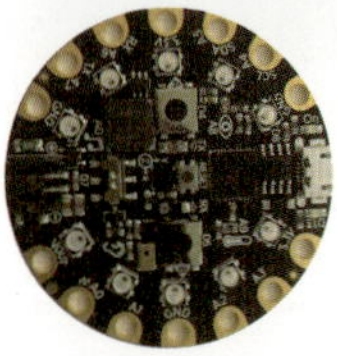

1

2

3

4

5

6

준비물

1 메인보드
2 부직포
3 리튬 배터리
4 글루건
5 와펜용 옷핀
6 Micro USB케이블

조도센서를 활용한 D.I.Y. LED 와펜

제작 과정

1 | 원하는 모양의 도안 출력

2 | 도안모양으로 부직포 재단
(앞판/ 뒤판용 2장재단)

3 | 뒤판에 글루건으로 옷핀 부착

4 | 앞판 상단에 배터리가 들어갈 공간을 남겨두고 글루건으로 2장의 부직포 부착

조도센서를 활용한 D.I.Y. LED 와펜

5 | 글루건으로 와펜 앞면에 메인보드 부착

6 | 메인보드에 배터리 연결 후 2장의 와펜 사이에 배터리가 보이지 않도록 밀어넣기

7 | **D.I.Y. 와펜 완성**

*** 본인이 원하는 다양한 D.I.Y. 와펜 디자인으로 응용하여 제작해 볼 수 있다.**

*** 코딩**

- 매뉴얼 참고 pp.51 ~ 60
- Project 4 조도(광)센서 (ON/OFF 기능) 코딩 참고

소리센서를 활용한 에코백

작품 제작: 숙명여자대학교 일반대학원 의류학과 박사과정 김현진

준비물

1 메인보드
2 리튬배터리
3 Micro USB케이블
4 부직포
5 실, 바늘
6 에코백

1

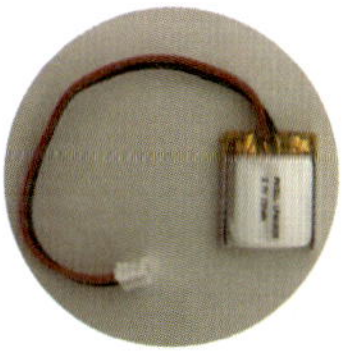

2

3

4

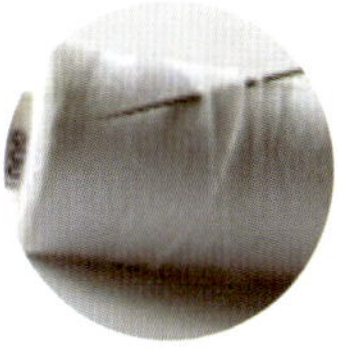

5

6

소리센서를 활용한 에코백

디자인 설계

소리센서를 활용한 에코백

제작 과정

1 | 다양한 색상의 부직포를 준비한다.

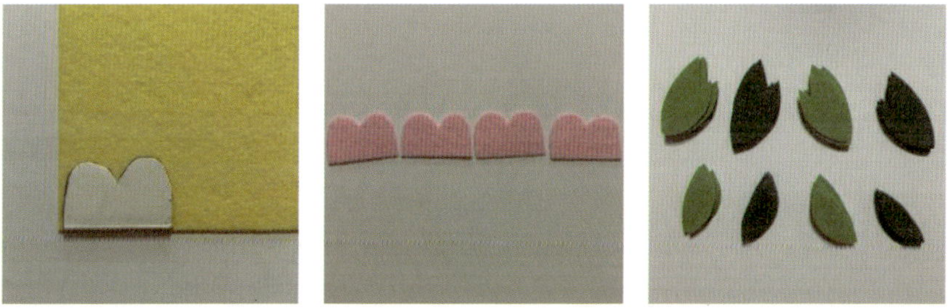

2 | 꽃과 잎 모양을 도안으로 만들어 부직포에 대고 여러 개 그려주고, 모양대로 잘라준다.

3 | 꽃모양 부직포는 4개씩 실로 연결해서 실을 잡은 후, 가운데는 구슬로 장식해 준다.
동일한 방법으로 꽃모양을 여러 개 만든다.

소리센서를 활용한 에코백

4 리튬 배터리가 들어갈 주머니를 만들기 위해 리튬 배터리 사이즈 보다 약간 큰 사이즈로 완성선을 그린 후, 주머니 입구를 제외한 부분에 0.5cm 시접선을 그린다. 부직포를 2겹으로 겹쳐서 시접선을 자른다.

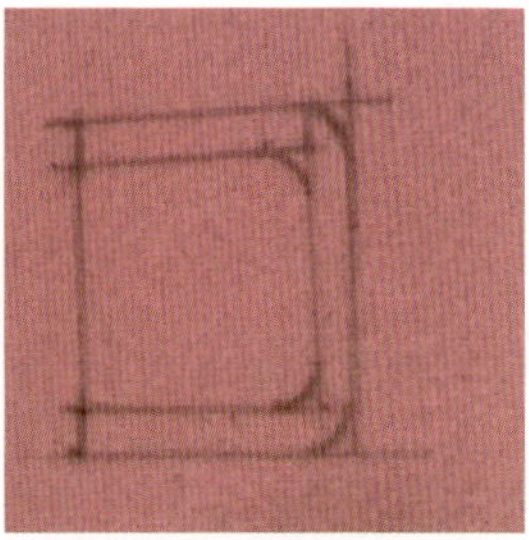

5 겉과 겉을 마주대고 완성선을 따라 봉제한 후, 겉으로 뒤집는다.

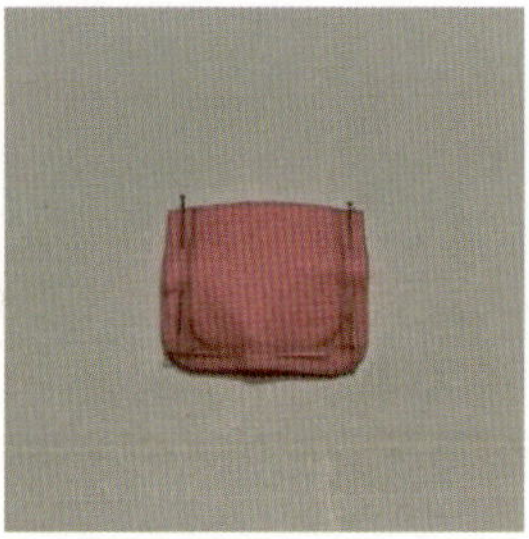

6 리튬배터리를 넣고 전선을 제외한 윗부분을 공그르기로 봉제한다.

소리센서를 활용한 에코백

7 꽃과 잎 모양 장식, 리튬 배터리 주머니, 메인보드를 에코백에 봉제로 고정시켜 완성한다.

* 본인이 원하는 다양한 디자인으로 응용하여 제작해 볼 수 있다.

소리센서를 활용한 에코백

코딩

1. Makecode 프로그램을 실행한 후, New project 클릭하여 시작한다.

전체 BLOCKS

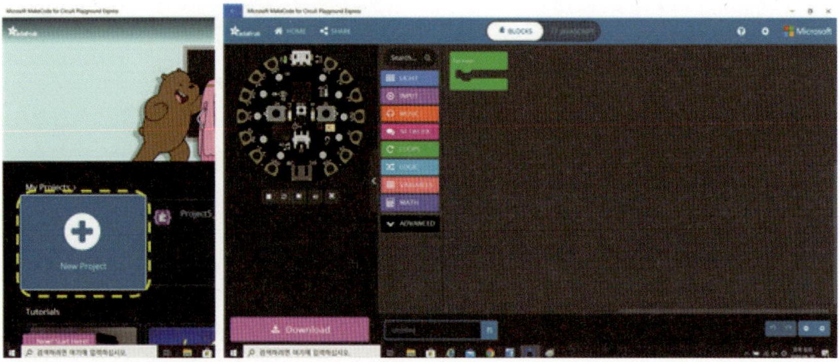

BLOCKS 1

1 **Logic**

Logic 클릭 후, 여러 블록 중에서 Conditionals 목록의 if then, else 블록을 선택해 드래그하고, forever 블록 가운데에 넣어준다.

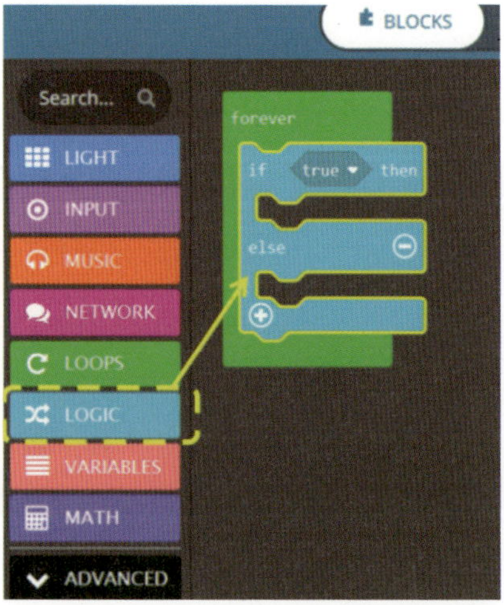

소리센서를 활용한 에코백

2 **Logic**

Comparison 목록의 0<0 블록을 선택하고 드래그해서 If와 then 사이에 있는 육각형 모양에 맞추어 넣는다.

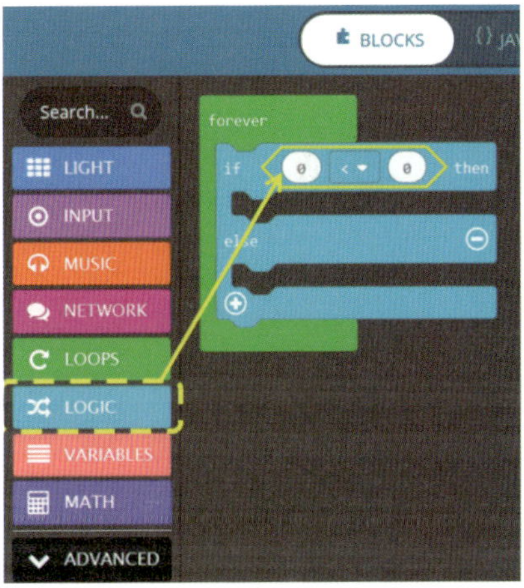

3 **Input**

sound level을 선택하고 드래그하여 Comparison 블록의 왼쪽 숫자 부분에 다음과 같이 넣어준다. 오른쪽 숫자에는 센서가 인식할 소리 값으로 50을 입력해 준다.

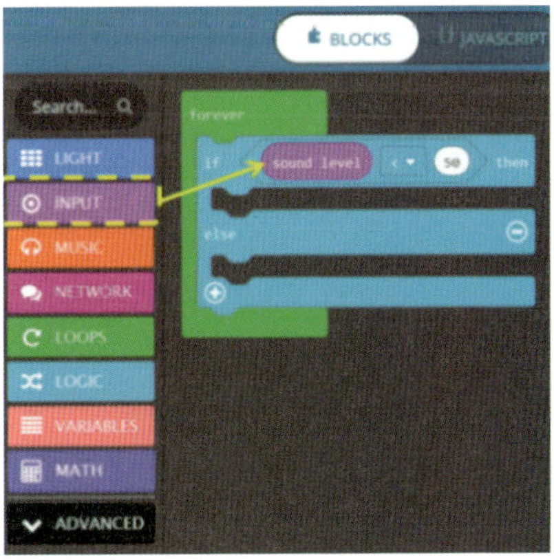

소리센서를 활용한 에코백

4 **Music**

Melody 블록을 선택하고 if 와 else 사이 공간에 다음과 같이 드래그하여 끼워 넣는다.

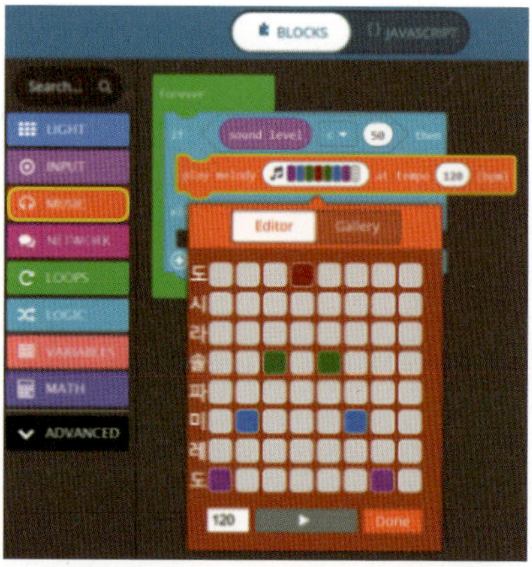

5 음표를 선택해서 재생할 멜로디를 직접 만들 수도 있고, Gallery 탭을 눌러 저장되어 있는 멜로디를 재생할 수도 있다. 재생하는 멜로디의 박자 속도도 조절 가능하다.

(이 프로젝트에서는 그림과 같이 멜로디를 직접 만들었으며 120bpm의 속도로 재생하도록 코딩)

소리센서를 활용한 에코백

6 Adafruit 메인보드에서 멜로디가 연주된 다음 LED에도 불빛이 반짝이도록 하기 위해, Light를 클릭한 후에 show animation을 선택해 play melody 블록 아래에 끼워 넣는다.

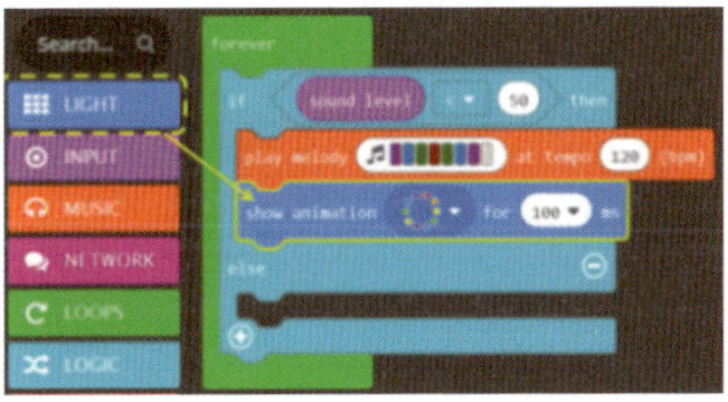

7 센서가 인식하는 소리 크기가 50 이상일 경우, 멜로디를 재생하지 않도록 하기 위해서 Music 클릭 후, Sounds 목록 중에서 stop all sounds 블록을 선택 후 드래그하여 else 아래 칸에 끼워 넣는다.

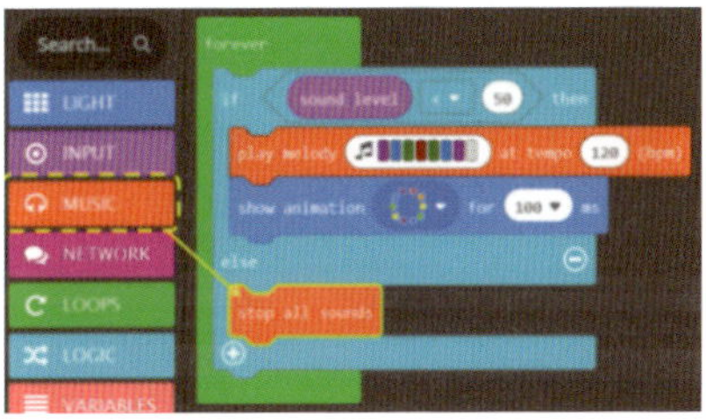

8 **Loops**

Loops 클릭 후, pause 블록을 stop all sounds 블록 아래에 끼워 넣는다.
멜로디 재생 후 200ms 동안 소리가 나지 않도록 코딩하였다.

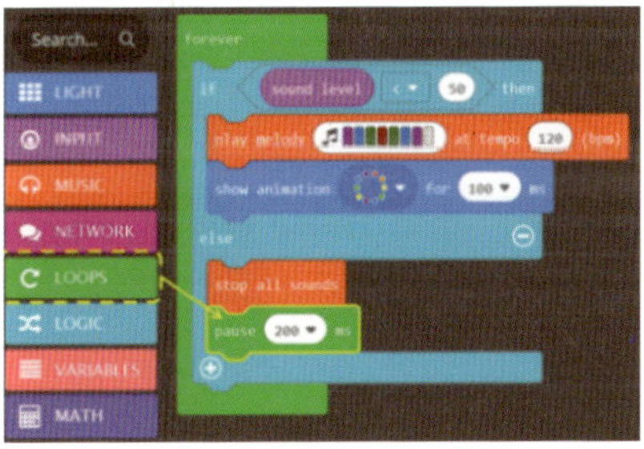

9 Blocks 옆의 Javascript 탭을 누르면, Javascript로 확인할 수 있다.

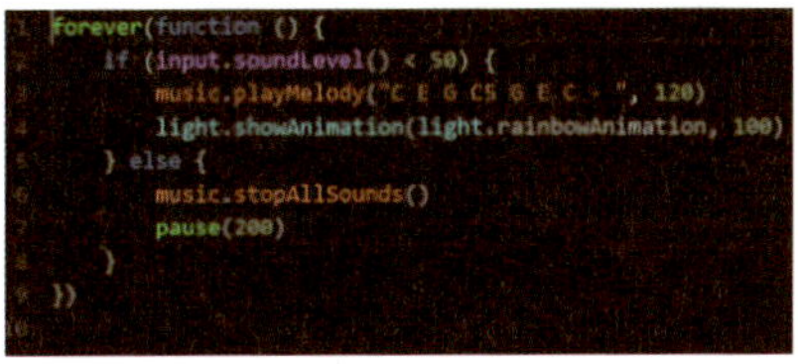

IV 동작센서를 활용한 팬츠

동작센서를 활용한 팬츠

작품 제작: 숙명여자대학교 일반대학원 의류학과 박사과정 이종규

준비물

1 | 메인보드
2 | 릴리패드 LED 4개
3 | 리튬배터리
4 | Micro USB케이블
5 | 전도성 실, 바늘
6 | 팬츠 또는 원단

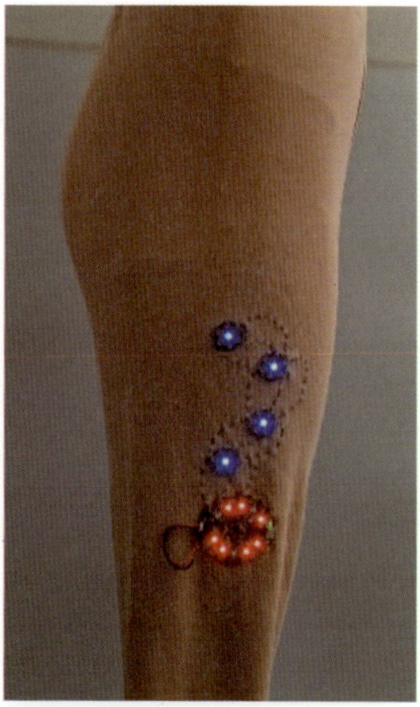

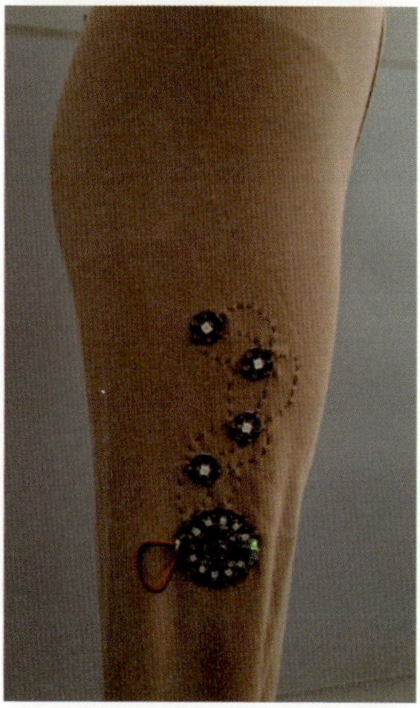

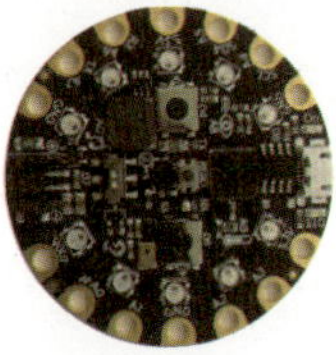

1

2

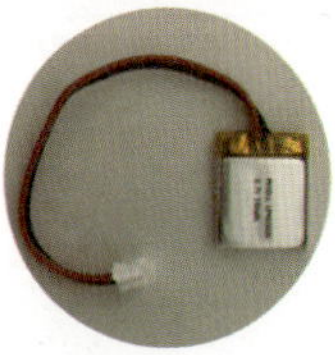

3

4

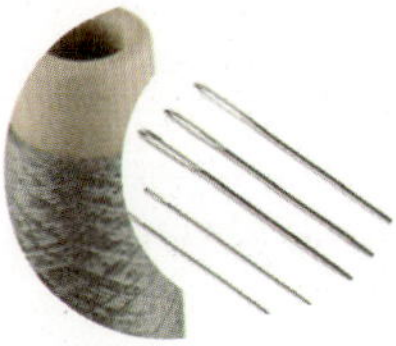

5

6

동작센서를 활용한 팬츠

디자인 설계

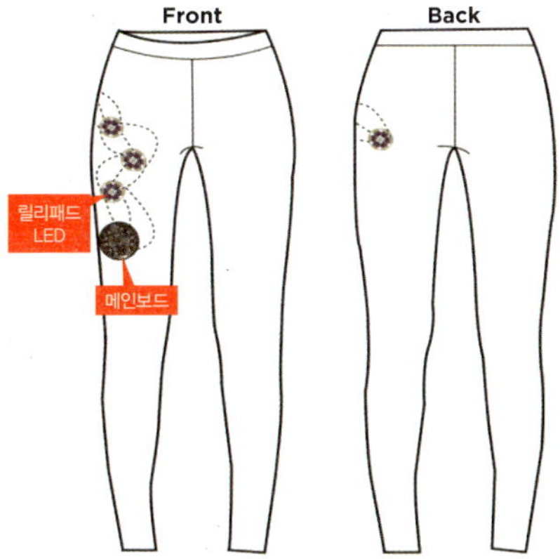

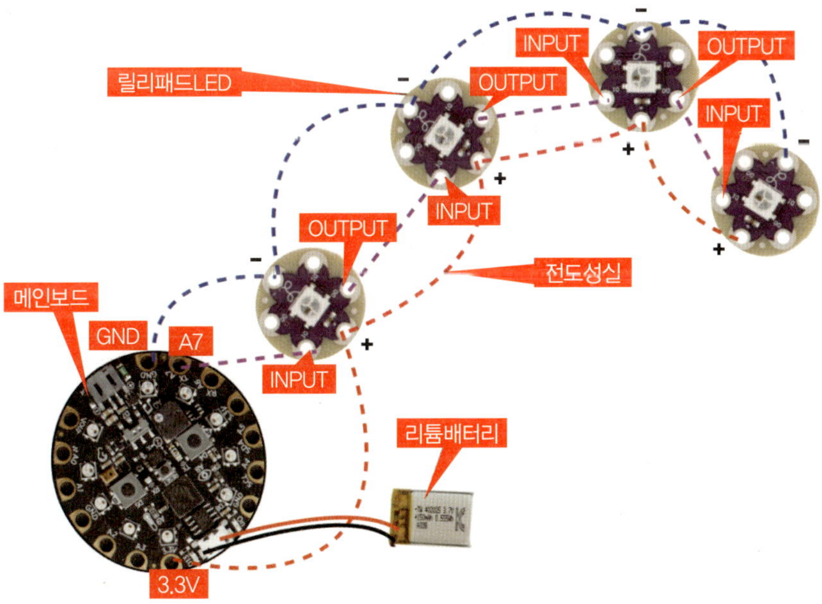

LED 애슬레저 팬츠 제작을 위한 회로 구성 이미지

동작센서를 활용한 팬츠

제작 과정

1 메인보드를 팬츠의 원하는 위치의 겉면에 배치한 다음 릴리패드 LED 4개의 위치를 선정한다.

• 메인보드

• 릴리패드 LED

2 디자인 설계도와 같이 메인보드와 릴리패드 LED를 연결한다. 메인보드의 (GND)와 릴리패드 LED의 (–)극을 연결하여 전도성 실로 봉제한다.

동작센서를 활용한 팬츠

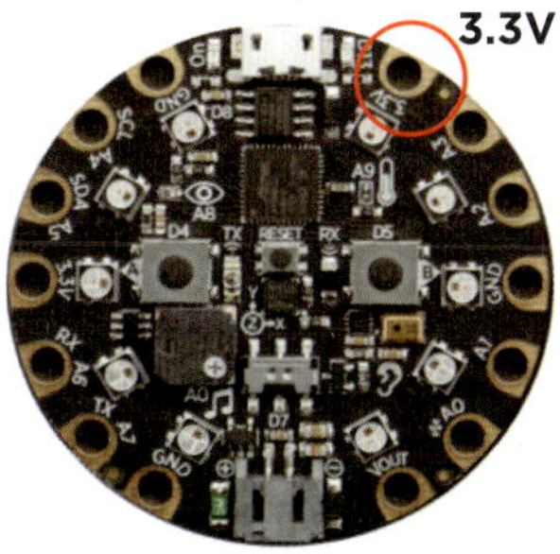

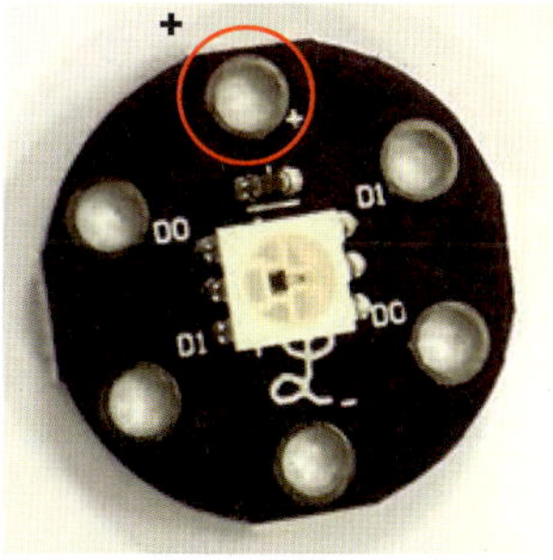

- 메인보드
- 릴리패드 LED

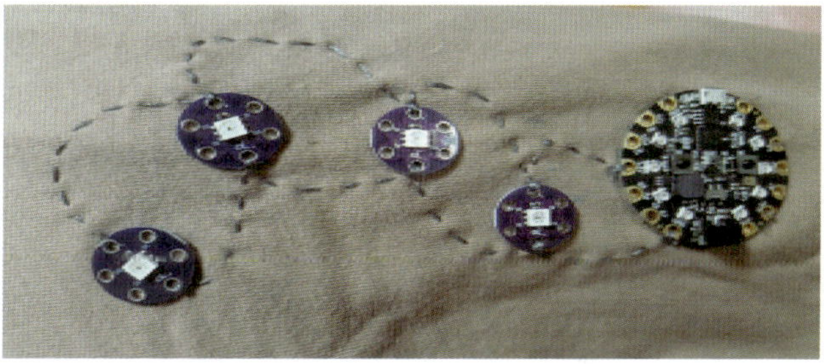

3 메인보드의 (3.3V)와 릴리패드 LED의 (+)극을 연결하여 진도싱 실로 봉제한다.

동작센서를 활용한 팬츠

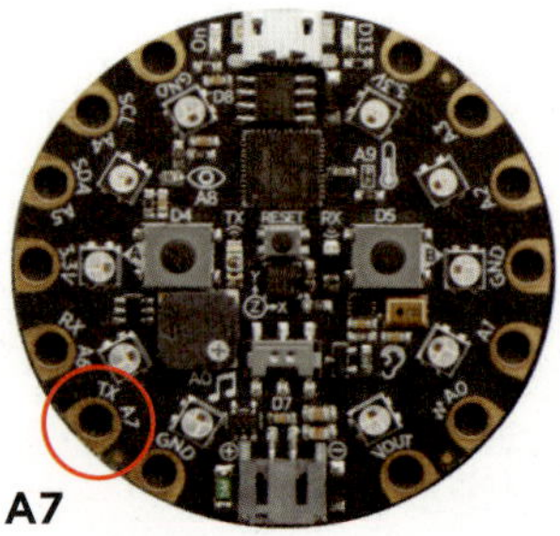

• 메인보드

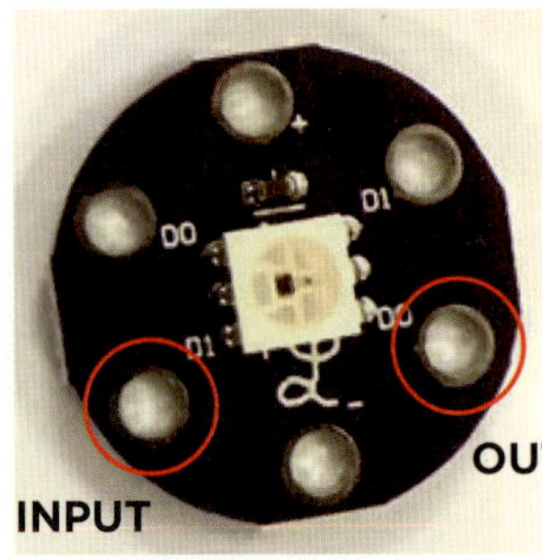

• 릴리패드 LED

4 **디자인 설계도와 같이 메인보드와 릴리패드 LED를 연결한다.**

메인보드의 (GND)와 릴리패드 LED의 (–)극을 연결하여
전도성 실로 봉제한다.
메인보드의 (A7)과 1번째 릴리패드 LED의 INPUT(D1)과 연결하여
전도성 실로 봉제한다.
그 다음, 1번째 릴리패드 LED의 OUTPUT(D0)과
2번째 릴리패드 LED의 INPUT(D1)을 연결한다.
2번째 릴리패드 LED의 OUTPUT(D0)과 3번째 릴리패드 LED의
INPUT(D1)을 연결한다.
3번째 릴리패드 LED의 OUTPUT(D0)과 4번째 릴리패드 LED의
INPUT(D1)을 연결한다.
이런 순서대로 메인보드와 릴리패드 LED 4개를 연결한다.

동작센서를 활용한 팬츠

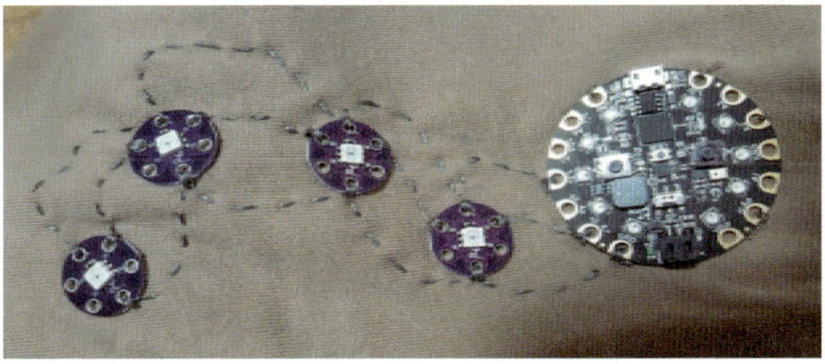

5 메인보드와 릴리패드LED 4개를 연결하여 완성한다.

6 메인보드에 리듐 배터리 연결한 다음, 리듐 배터리를 메인보드 밑으로 보이지 않게 넣어 빠지지 않도록 고정시킨다.

7 마지막으로 완성된 팬츠의 LED동작을 체크한다.
움직이면 메인보드의 LED가 켜지면서 릴리패드의 LED도 함께 켜진다. 움직임이 없으면 LED가 꺼진다.

*** 본인이 원하는 다양한 디자인으로 응용하여 제작해 볼 수 있다.**

동작센서를 활용한 팬츠

코딩

1. MakeCode 프로그램을 실행한 후, 홈 화면에서 New Project를 클릭하여 시작한다.

전체 BLOCKS

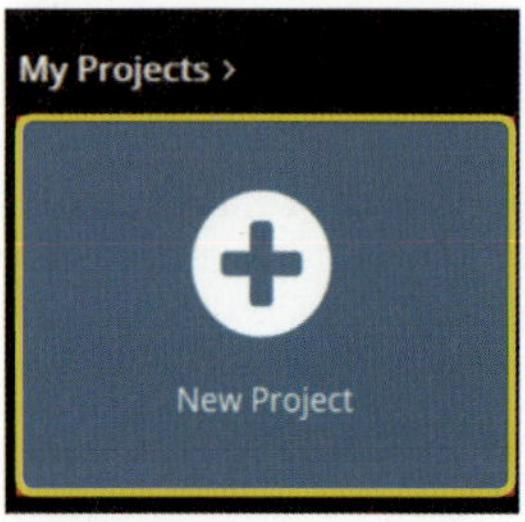

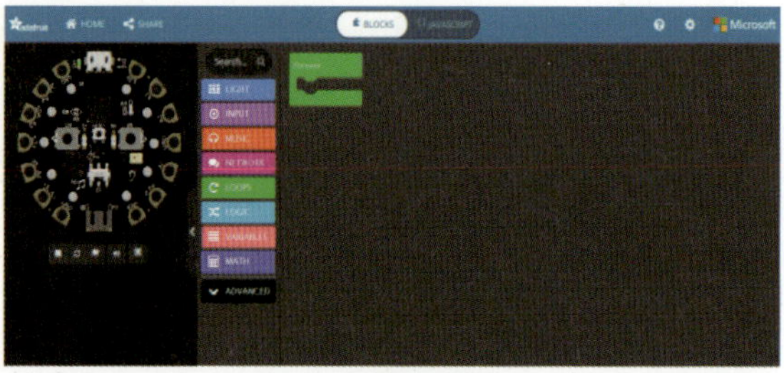

BLOCKS 1

1 **LOOPS**

Loops 클릭 후, 여러 블록 중에서 on start 블록을 선택해 드래그한다.

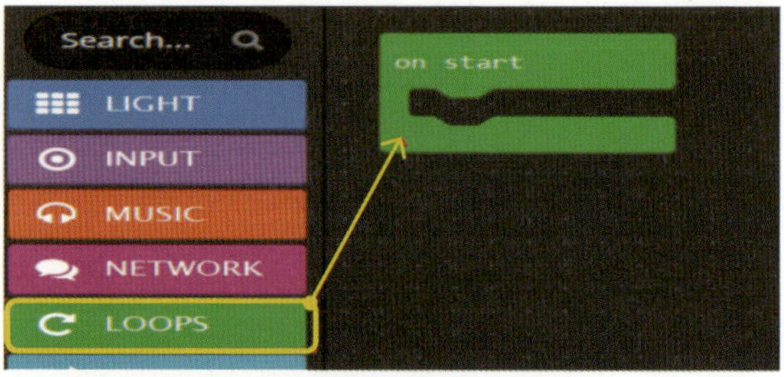

동작센서를 활용한 팬츠

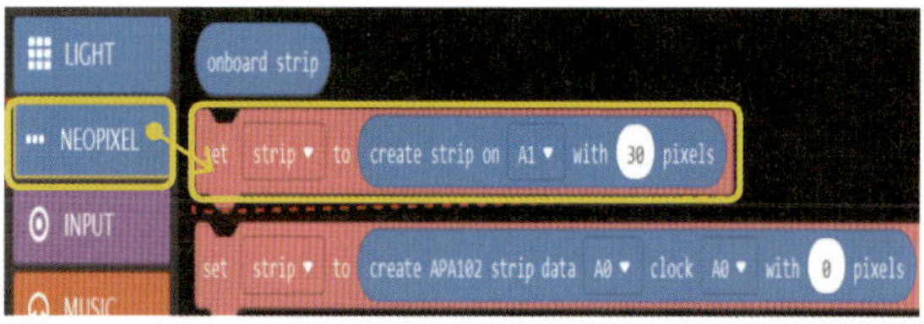

2 **LIGHT (NEOPIXEL)**

LIGHT 클릭 후 NEOPIXEL을 클릭하여 set strip to create strip on A__ with__ pixels 블록을 선택하여 드래그하고 on start 블록 가운데에 끼워 넣는다.
메인보드(Adafruit Circuit Playground Express)에서 지정한 A7로 바꿔주고 릴리패드 LED 픽셀 개수 4를 입력한다. (strip on의 지정 및 Pixels의 개수는 자유롭게 선택이 가능)

BLOCKS 2

3 **INPUT**

INPUT 클릭 후, 여러 블록 중에서 on shake 블록을 선택해 드래그한다.

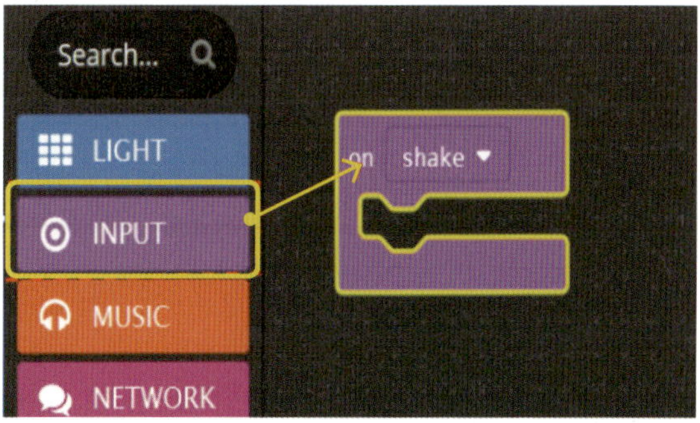

동작센서를 활용한 팬츠

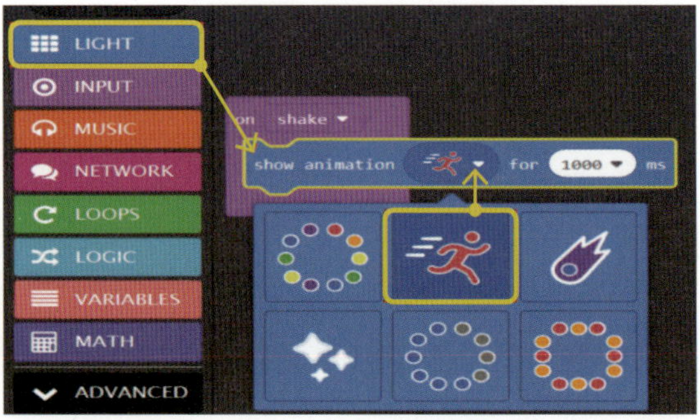

4 LIGHT

show animation의 여러 가지 탭 중에서 running lights의 탭을 선택하고 오른쪽 숫자에는 센서가 인식할 시간 값 1000ms을 입력한다. 입력된 값은 Adafruit 메인보드에서 LED 불빛이 1000ms 동안 반짝인다.
(LED 애니메이션 효과, 시간 선택 가능)

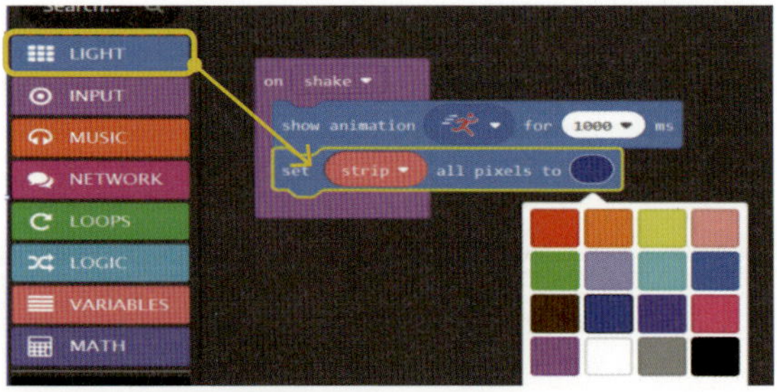

5 LIGHT (LEOPIXEL)

LIGHT 를 클릭 후, LEOPIXEL 클릭하여 set strip all pixels to 블록을 선택하고 드래그하여 show animation 블록 아래에 끼워 넣는다. pixels to는 blue 색상으로 선택한다. 이렇게 하면 릴리패드 LED의 불빛이 blue로 반짝인다.

동작센서를 활용한 팬츠

6 **LOOPS**

Pause ___ ms 블록을 선택한 후, set __ all pixels to 블록 아래에 끼워 넣는다. Blue 불빛의 LED가 반짝이는 대기시간 pause 2000ms로 입력한다.

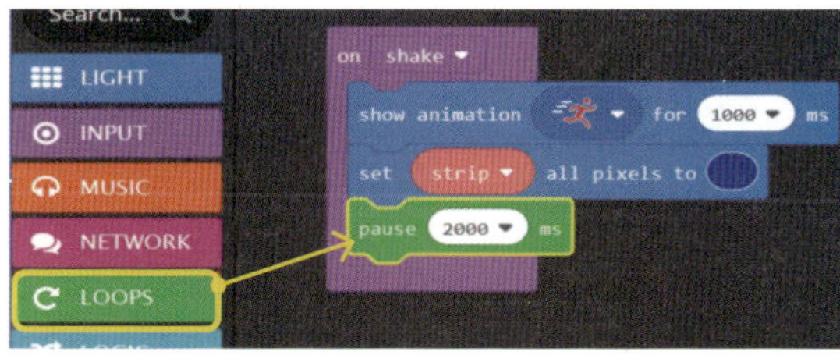

7 **LIGHT**

set all pixels to 블록을 선택한 후, pause 2000ms 블록 아래에 끼워 넣는다. black 색상으로 변경한다.

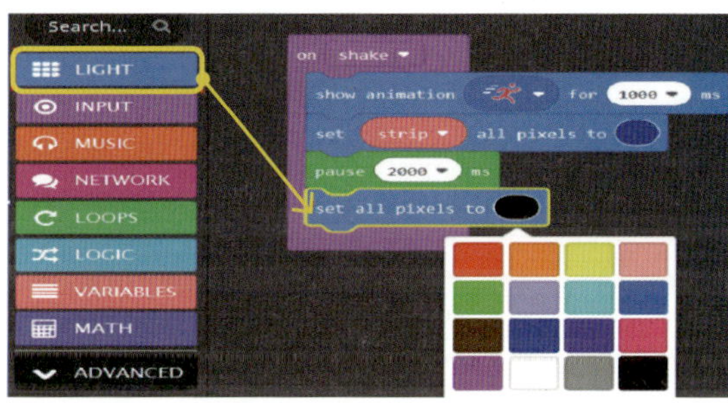

8 **LIGHT (LEOPIXEL)**

set strip all pixels to 블록을 선택한 후, 맨 아래에 끼워 넣는다. black 색상으로 변경한다.

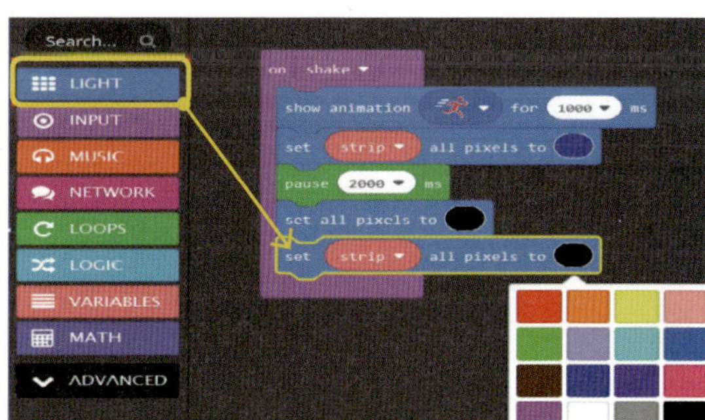

동작센서를 활용한 팬츠

BLOCKS 3

9 **INPUT**

여러 블록 중에서 on shake 블록을 선택해 드래그한다. shake를 클릭하여 face up을 선택하여 변경한다.

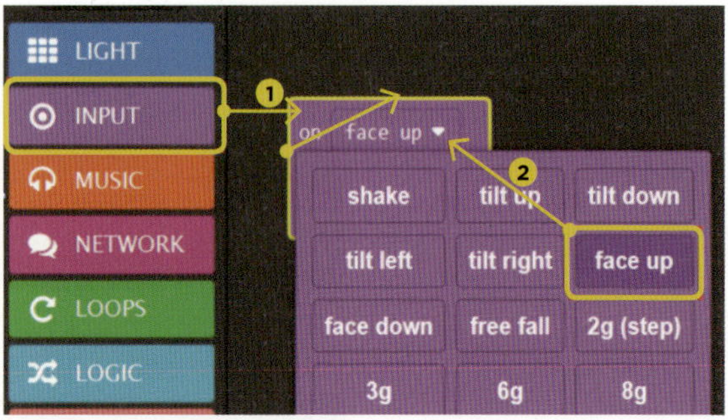

10 **LIGHT**

set all pixels to 블록을 선택한 후,
On face up 블록 사이에 끼워 넣는다.
black 색상으로 변경한다.

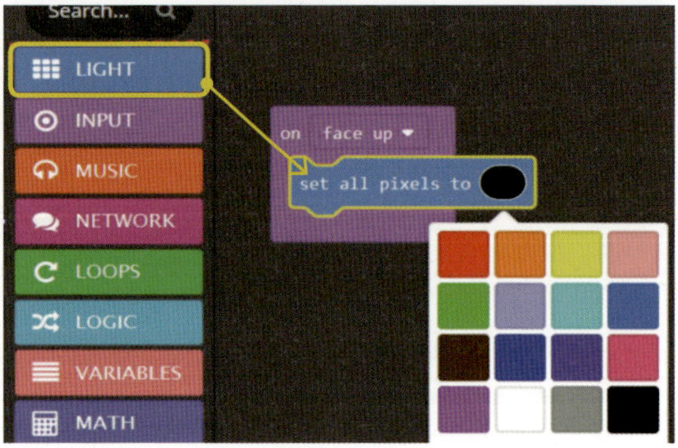

동작센서를 활용한 팬츠

11 makecode 프로그램의 전체적인 BLOCKS을 완성한다.

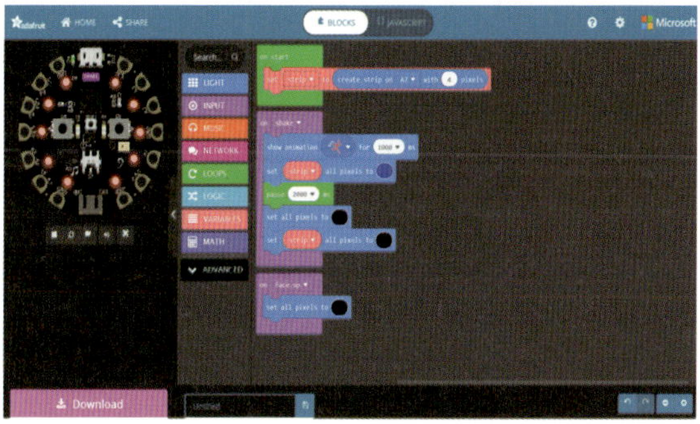

JAVASCRIPT

12 Javascript 탭을 누르면, Javascript로 확인할 수 있다.

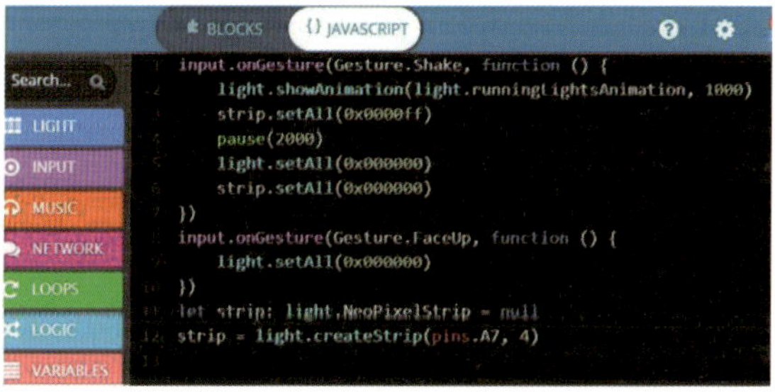

PICTURE CREDITS 그림출처

PART 1

그림 1. 웨어러블 테크놀로지 아이템의 시대별 변천 과정

(a) 1960년대 https://flpan.tistory.com/365

(b) 1980년대 http://www.itworld.co.kr/print/71203

(C) 1990년대 http://www.itworld.co.kr/print/71203

(d) 2000년대 이후
https://www.bicycling.com/bikes-gear/g20023538/9-great-smart-watches-for-cyclists/

그림 2. 건강 및 의료 기능의 웨어러블 테크 패션 아이템

(a) Wearable Motherboard http://smartgarments.blogspot.com/

(b) Smart Shirt https://www.researchgate.net/figure/Left-The-GTMW-of-the-Georgia-Tech-Right-The-Smart-Shirt-by-Sensatex-21_fig1_319102231

(c) 주울귀걸이 http://shopjoule.com

(d) 진스밈 안경 https://jins-meme.com/

그림 3. 운동관리 기능의 웨어러블 테크 패션 아이템

(a) 리복의 체크라이트 모자
https://breakingmuscle.com/reviews/product-review-reebok-checklight

(b) 아토스의 MEN'S FULL BODY KIT
https://www.mobihealthnews.com/35705/athos-raises-12-2m-for-health-sensing-clothing

(c) 블랙야크 야크온P https://www.fashionseoul.com/100882

(d) 골프센스 https://blog.naver.com/dugotech/10176778569
https://www.amazon.com/FORM-Activity-See-Through-Anti-Fog-Swimming/dp/B00RGYI55K

(e) Form Swim Goggles https://www.amazon.com/FORM-Activity-See-Through-Anti-Fog-Swimming/dp/B00RGYI55K

(f) InbodyBAND https://www.inbody.com/kr/product/InBodyBand2.aspx

그림 4. 생활편의 기능의 웨어러블 테크 패션 아이템

(a) 블랙야크의 야크온H https://m.post.naver.com/viewer/postView.nhn?volumeNo=6730988&memberNo=5673438

(b) 아발란치의 사하라 http://www.earlyadopter.co.kr/8340

(c) Levi's Commuter Trucker Jacket

https://ph.priceprice.com/others/news/Levi-s-Commuter-Trucker-Jacket-with-smart-sleeve-finally-out-for-USD-350-Approx-17-780-PHP-3810/
(d) RHL vision technology의 Fin ring https://www.blessthisstuff.com/stuff/technology/misc-gadgets/fin-ring/

그림 5. 소리를 이용한 웨어러블 테크 패션 아이템
모프밴드 http://b2c.moff.mobi/

그림 6. 빛을 이용한 웨어러블 테크 패션 아이템
(a) 광섬유 드레스 https://starsweare.wordpress.com/2010/11/09/illuminated-clothing/
(b) 광섬유 신발 https://www.alibaba.com/product-detail/2018-new-LED-shoes-Fiber-optic_60781443330.html
(c) LED 크러치 https://www.inyourarea.co.uk/news/how-cutecircuit-is-changing-the-face-of-wearable-tech/
(d) LED 시계 https://www.dhgate.com/product/luminous-watch-rhinestone-led-fashion-trend/456995830.html

PART 2

3. 소리센서를 활용한 에코백
- 최종결과물, 준비물, 디자인 설계, 제작 과정, 코딩 이미지
: 숙명여자대학교 일반대학원 의류학과 박사과정 김현진
4. 동작센서를 활용한 팬츠
- 최종결과물, 준비물, 디자인 설계, 제작 과정, 코딩 이미지
: 숙명여자대학교 일반대학원 의류학과 박사과정 이종규

REFERENCE 참고문헌

1 'Wearable Technology'. (n.d.). *NEVER 지식백과 – 두산백과*. Retrieved October 30, 2020, from https://terms.naver.com/entry.nhn?docId=3407401&cid=40942&categoryId=32828

2 'A brief history of wearable computing'. (n.d.). *MIT Wearable Computing Project*. Retrieved November 5, 2020, from https://www.media.mit.edu/wearables/lizzy/timeline.html

3 Yeo, I., & Kim, M. (2006). 'Wearable computer market and customer trend analysis'. Daegu Technopark *Daegu Regional Innovation Agency*. Retrieved May 21, 2010, from http://www.dria.or.kr

4 Lee, J. H. et al. (2016). *Smart fashion accessory design*. Seoul: Gyomoon.

5 'Intelligent Textiles in Medical'. (2007, December 30). *Smartgarments*. Retrieved November 11, 2020, from http://smartgarments.blogspot.com/

6 Das, S. C. et al. (2013). Smart Textiles–New Possibilities in Textile Engineering. *Proceedings of International Conference on Mechanical, Industrial and Materials Engineering 2013. Rajshahi, Bangladesh*. from https://www.researchgate.net/figure/Left-The-GTMW-of-the-Georgia-Tech-Right-The-Smart-Shirt-by-Sensatex-21_fig1_319102231

7 Im, H. B., & Ko, H. Z. (2017). The analysis of the characteristic types of motion recognition smart clothing products. *The Research Journal of the Costume Culture, 25*(4), 529–542.

8 https://breakingmuscle.com/reviews/product-review-reebok-checklight

9 https://shop.liveathos.com/products/mens-full-body-kit-dual-core-v3

10 https://www.fashionseoul.com/100882

11 https://blog.naver.com/dugotech/10176778569

12 https://imboldn.com/ko/%ED%8F%BC%EC%8A%A4%EC%9C%94%EA%B3%A0%EA%B8%80/

13 https://www.inbody.com/kr/product/InBodyBand2.aspx

14 http://www.gearbax.com/29674

15 https://m.fashionbiz.co.kr:6001/index.asp?idx=144132

16 https://ph.priceprice.com/others/news/Levi-s-Commuter-Trucker-Jacket-with-smart-sleeve-finally-out-for-USD-350-Approx-17-780-PHP-3810/

17 https://www.indianweb2.com/2014/10/10/wearable-fin/

18 Park, H. Y. (2007). *A Study on a Design Prototype of the Smart Clothing for Entertainment based on Optical fiber and LED technology*. Unpublished master's thesis, Yonsei University, Seoul.

부품 구매처

주요 부품

- 메인보드: Circuit Playground Express
- 리튬배터리: Lithum Ion Polymer Battery 3.7v(JST PH 2-pin cable)
- USB케이블: USB cable(USB A to Micro-B)

[해외 'Adafruit' 홈페이지 : https://www.adafruit.com]

1. Circuit Playground Express - Base Kit
https://www.adafruit.com/product/3517
2. Circuit Playground Express
https://www.adafruit.com/product/3333
3-1. Lithium Ion Polymer Battery - 3.7v 150mAh
https://www.adafruit.com/product/1317
3-2. Lithium Ion Polymer Battery Ideal For Feathers - 3.7V 400mAh
https://www.adafruit.com/product/3898
3-3. 2 x AAA Battery Holder with On/Off Switch & JST PH Connector
https://www.adafruit.com/product/4191
3-4. 2 x AA Battery Holder with On/Off Switch & JST PH Connector
https://www.adafruit.com/product/4193
3-5. 3 x AAA Battery Holder with On/Off Switch, JST, and Belt Clip
https://www.adafruit.com/product/3286
  * 3-1, 3-2 리튬 폴리머 배터리와 3-3, 3-4, 3-5 배터리 홀더는 JST PH 2-pin 커넥터가 장착되어 있어, 메인보드(Circuit Playground Express)와 바로 연결이 가능함
4. USB cable - USB A to Micro-B - 3 foot long
https://www.adafruit.com/product/592

[국내 '가치창조기술' 홈페이지 : http://vctec.co.kr]

1. 서킷 플레이그라운드 익스프레스 기본 키트(Circuit Playground Express - Base Kit)
http://vctec.co.kr/product/detail.html?product_no=11968&cate_no=69
2. 써킷 플레이그라운드 익스프레스(Circuit Playground Express)
http://vctec.co.kr/product/써킷-플레이그라운드-익스프레스-makecode-rmstring-circuitpython-circuit-playground-ex/16359/category/69/display/1/
3-1. 리튬 폴리머 배티리 - 3.7V 150mAh(Lithium Ion Polymer Battery - 3.7v 150mAh)
http://vctec.co.kr/product/리튬-폴리머-배터리-37v-150mah-lithium-ion-polymer-battery-37v-150mah/10385/category/95/display/1/
3-2. 2 x AAA 배터리 홀더 - on/off 스위치, JST PH 커넥터

http://vctec.co.kr/product/2-x-aaa-배터리-홀더-onoff-스위치-jst-ph-커넥터-2-x-aaa-battery-holder-with-onoff-/14958/category/95/display/1/

3-3. 2 x AA 배터리 홀더 - on/off 스위치, JST PH 커넥터

http://vctec.co.kr/product/2-x-aa-배터리-홀더-onoff-스위치-jst-ph-커넥터-2-x-aa-battery-holder-with-onoff-sw/14959/category/95/display/1/

* 3-1 리튬 폴리머 배터리와 3-2, 3-3 배터리 홀더는 JST PH 2-pin 커넥터가 장착되어 있어, 메인보드(Circuit Playground Express)와 바로 연결이 가능함

4. USB A - MicroB 양면 USB 커넥터 케이블 - 0.8m(Reversible USB A to Reversible Micro-B Cable - 0.8m)

http://vctec.co.kr/product/usb-a-microb-양면-usb-커넥터-케이블-08m-reversible-usb-a-to-reversible-micro-b/15472/category/81/display/1/

[국내 '디바이스마트' 홈페이지 : http://www.devicemart.co.kr]

1. [Adafruit] Circuit Playground Express [ada-3333]

http://www.devicemart.co.kr/goods/view?no=1361763

2-1. [Adafruit] Lithium Ion Polymer Battery - 3.7v 350mAh [ada-2750]

http://www.devicemart.co.kr/goods/view?no=1279797

2-2. [Adafruit] 3 x AAA Battery Holder with On/Off Switch and 2-Pin JST [ada-727]

http://www.devicemart.co.kr/goods/view?no=1248244

2-3. [Adafruit] 2 x AA Battery Holder with On/Off Switch and 2-Pin JST

https://www.devicemart.co.kr/goods/view?no=1360821

* 2-1 리튬 폴리머 배터리와 2-2, 2-3 배터리 홀더는 JST PH 2-pin 커넥터가 장착되어 있어, 메인보드(Circuit Playground Express)와 바로 연결이 가능함

3. USB A(M)/Micro USB(B) 케이블, 1M

http://www.devicemart.co.kr/goods/view?no=1061716

INDEX 찾아보기

저자 소개

임호선

숙명여자대학교 의류학과 학사

Istituto Carlo Secoli, Certificate

연세대학교 의류환경학과 석사

North Carolina State University,
Textile Technology Management, Ph.D.

숙명여자대학교 생활과학대학 의류학과 부교수

안미화

숙명여자대학교 의류학과 학사

숙명여자대학교 의류학과 석사

누구나 따라할 수 있는

메이크코드를 활용한 웨어러블 테크 패션

2021년 2월 22일 초판 인쇄
2021년 2월 26일 초판 발행
등록 1960. 10. 28. 제406 – 2006 – 000035호
ISBN 978-89-363-2129-1(93590)
값 10,000원

지은이
임호선·안미화
펴낸이
류원식
편집부장
모은영
디자인
베이퍼
제작
김선형
홍보
이솔아
영업
정용섭·송기윤·진경민
출력·인쇄
영피앤피
제본
한진제본
펴낸곳
교문사
10881, 경기도 파주시 문발로 116
문의
Tel. 031-955-6111
Fax. 031- 955 – 0955
www.gyomoon.com
E-mail. genie@gyomoon.com